电动汽车关键部件结构
设计与分析

陈运星 著

中国水利水电出版社
www.waterpub.com.cn
·北京·

内 容 简 介

本书围绕电动汽车关键部件的结构设计与分析，深入探讨了包括白车身、车门、引擎罩、电池包以及锂电池组液冷散热结构等关键部件的结构设计。书中不仅提出了相应的结构设计，还进行了详细的分析和优化，旨在提升电动汽车的安全性和可靠性，同时推动电动汽车技术的进一步发展和应用。本书所述的研究成果可为电动汽车相关领域的研究者和工程实践者提供有益的指导与参考。

本书适合作为电动汽车相关领域的研究人员的参考用书，同时也适合相关专业的本科生和硕士生阅读。

图书在版编目（CIP）数据

电动汽车关键部件结构设计与分析 / 陈运星著.
北京：中国水利水电出版社，2025.8. -- ISBN 978-7-5226-3177-6

Ⅰ.U469.720.2

中国国家版本馆 CIP 数据核字第 2025S7L928 号

书　　名	电动汽车关键部件结构设计与分析 DIANDONG QICHE GUANJIAN BUJIAN JIEGOU SHEJI YU FENXI
作　　者	陈运星　著
出版发行	中国水利水电出版社 （北京市海淀区玉渊潭南路 1 号 D 座　100038） 网址：www.waterpub.com.cn E-mail：zhiboshangshu@163.com 电话：（010）62572966-2205/2266/2201（营销中心）
经　　售	北京科水图书销售有限公司 电话：（010）68545874、63202643 全国各地新华书店和相关出版物销售网点
排　　版	北京智博尚书文化传媒有限公司
印　　刷	三河市龙大印装有限公司
规　　格	170mm×240mm　16 开本　11 印张　201 千字
版　　次	2025 年 8 月第 1 版　2025 年 8 月第 1 次印刷
定　　价	69.00 元

凡购买我社图书，如有缺页、倒页、脱页的，本社营销中心负责调换

版权所有·侵权必究

前　　言

随着新能源汽车产业的快速发展,电动汽车相关的安全问题也日益受到关注。电动汽车在整车及关键部件结构的布局与传统燃油车存在显著差异,其车身、车门、引擎罩、电池包以及锂电池组液冷散热结构等关键部件的结构设计对整车安全性至关重要。因此,本书以企业提供的电动汽车关键部件数据为基础,对电动汽车车身、车门、引擎罩、电池包以及锂电池组液冷散热结构进行优化设计与分析,并与设计标准进行对比,以确保电动汽车关键部件结构设计的有效性。本书旨在为电动汽车关键部件结构设计与改进提供理论与技术支持,为提升电动汽车整车安全性提供新的解决思路。

本书共分为十章,各章节主要内容具体安排如下:

第1章　绪论。本章介绍了本书研究的背景及意义,全面回顾与总结国内外相关研究现状,并在此基础上明确本书的主要研究内容。

第2章　电动汽车关键部件结构设计与分析理论基础。本章介绍了电动汽车关键部件结构设计与分析所需的理论基础及设计分析软件。

第3章　车身结构设计与分析。本章以企业提供的新能源SUV白车身数据为基础,采用CATIA软件建立白车身几何模型,利用有限元软件HyperMesh建立白车身有限元计算模型,并通过OptiStruct求解器对白车身有限元模型进行模态、弯曲刚度和扭转刚度计算分析。首先将仿真计算结果与企业提供的设计目标数值进行对比,验证白车身弯曲刚度和扭转刚度是否满足要求；然后将仿真计算结果与企业提供的试验数值进行对比，进一步验证白车身的结构设计是否合理。这些过程和数据可为新能源 SUV 车身结构的开发提供参考。

第 4 章　车门结构设计与分析。本章以某新能源 SUV 车型为研究对象，采用 CATIA 软件对其车门进行建模。在此基础上，采用 HyperMesh 软件对车门进行有限元建模，使用 OptiStruct 算法对车门进行模态分析，得到车门的扭转刚度和垂向刚度的分析结果，并与企业给出的设计指标进行比较，验证车门的扭转刚度和垂向刚度是否满足设计要求。

第 5 章　引擎罩结构设计与分析。本章建立了某新能源 SUV 引擎罩的有限元模型，并使用 HyperMesh 和 Nastran 软件对引擎罩进行模态和刚度分析。通过模态分析方法得到引擎罩的低阶模态振型和频率，通过静力学分析方法计算引擎罩的刚度在三种不同工况下的最大位移、应力和刚度值，并对其结果进行验证。最后，通过综合评价模态和刚度结果，验证引擎罩的结构设计是否满足要求。

第 6 章　电池包结构设计与分析。本章以企业提供的电池包为研究对象，采用 CATIA 软件建立电池包模型，并将其三维模型导入 HyperMesh 仿真软件中进行模态和静刚度分析。最后，将分析结果导入 HyperView 生成仿真云图，并分析仿真结果是否符合相关标准。

第 7 章　电池包底部结构设计与碰撞仿真分析。本章以企业提供的电池包相关参数为基础，采用 UG 软件建立电池包的几何模型，并将其导入 HyperMesh 软件中进行前处理。对电池包底部进行直线托底碰撞仿真，记录底护板的侵入量，并与试验标准进行对比，验证电池包的设计是否满足要求。本章的结论和数据可为后续 SUV 汽车电池包研究提供理论参考。

第 8 章　电池包底部结构设计与球击仿真分析。为应对可能的道路碎片或机械冲击，电池包的底部防护设计必须满足日益严格的安全标准。本章以某企业电池包数据为参考，采用 UG 软件建立电池包三维模型，并利用 HyperMesh 软件建立电池包有限元模型，通过 LS-DYNA 求解器进行球击仿真分析。根据球击仿真分析结果，进一步对电池包结构进行改进设计，并再次进行球击仿真，以验证优化结构的有效性。研究结果可为其他电池包底部防护设计提供参考。

第 9 章　锂电池组液冷散热结构设计与分析。本章针对电动汽车动力电池组温度过高可能引发的安全隐患，设计了四种液冷散热结构，并利用计算流体动力学方法进行仿真分析。通过对比不同散热结构对电池组温度分布的影响，筛选出最优的散热结构。随后，采用正交试验法对冷却流道直径、冷却板厚度及冷却流道间距等关键参数进行仿真优化。研究成果可为电动汽车动力电池组的安全散热提供有效解决方案，并为后续散热结构的进一步优化提供重要参考。

第 10 章　结论和展望。总结本书的研究结论和研究展望。

本章以企业提供的电动汽车关键部件（新能源 SUV 白车身、车门、引擎盖、电池包、锂电池模组）数据为基础，建立了电动汽车关键部件的几何模型和仿真计算模型，并将仿真结果与企业数据进行对比，验证模型的合理性。此外，还对电池包、锂电池模组液冷散热结构进行了优化改进，并验证了改进效果。未来研究中，刚度分析还需考虑更多的工况；电池包底部直线托底仿真分析，还需考虑碰撞的多样性，如碰撞位置和碰撞形式等；还需依据电动汽车实际行驶工况，开展更贴合实际的电池组放电过程仿真。

本书是作者多年在相关领域的研究成果，凝聚了作者的智慧与心血。本书的出版得到了湖北省自然科学基金创新发展联合基金项目（2024AFD045）、襄阳市研究与开发项目（2022ABH006510）、纯电动汽车动力系统设计与测试湖北省重点实验室以及"新能源汽车与智慧交通"湖北省优势特色学科群的资助。在此，向给予本书研究内容大力支持的相关企业表示衷心感谢。同时，也感谢为本书研究内容工作提供帮助的所有同学。另外，本书参考了国内外众多相关文献资料，特向这些文献的作者表示诚挚的感谢。

  由于编者水平有限，书中难免存在错误与不足之处，恳请广大读者批评指正。

湖北文理学院　　陈运星

2025 年 3 月

目录

第1章 绪 论 1

1.1 研究背景及意义 1
1.2 国内外研究现状 2
1.2.1 白车身结构设计与分析研究现状 2
1.2.2 车门结构设计与分析研究现状 4
1.2.3 引擎罩结构设计与分析研究现状 6
1.2.4 电池包结构设计与分析研究现状 8
1.2.5 电池包底部结构设计与碰撞仿真分析研究现状 10
1.2.6 电池包底部结构设计与球击仿真分析研究现状 13
1.2.7 锂电池组液冷散热结构设计与分析研究现状 15
1.2.8 相变材料冷却式研究现状 17
1.3 本书的主要研究内容 18

第2章 电动汽车关键部件结构设计与分析理论基础 20

2.1 CAE 分析介绍 20
2.2 有限元理论 21
2.3 HyperMesh 和 LS-DYNA 软件的介绍 23
2.4 锂离子电池的产热机理及传热分析 24
2.4.1 锂离子电池的产热机理 24
2.4.2 锂离子电池的传热分析 25
2.5 锂离子电池热物性参数 27
2.6 锂离子电池生热速率模型 29

2.7 本章小结 30

第 3 章 车身结构设计与分析 32

　　3.1 某新能源 SUV 白车身有限元模型的建立 32
　　　　3.1.1 白车身结构 32
　　　　3.1.2 白车身网格模型建立 33
　　3.2 某新能源 SUV 白车身的模态和刚度分析 41
　　　　3.2.1 白车身模态分析 41
　　　　3.2.2 白车身弯曲刚度分析 46
　　　　3.2.3 白车身扭转刚度分析 50
　　3.3 本章小结 54

第 4 章 车门结构设计与分析 55

　　4.1 某新能源 SUV 车门有限元模型的建立 55
　　　　4.1.1 新能源 SUV 车门结构 55
　　　　4.1.2 车门网格模型建立 56
　　4.2 某新能源 SUV 车门的模态和刚度分析 61
　　　　4.2.1 车门的模态分析 61
　　　　4.2.2 车门扭转刚度分析 64
　　　　4.2.3 车门下垂刚度分析 67
　　4.3 本章小结 69

第 5 章 引擎罩结构设计与分析 71

　　5.1 引擎罩有限元模型建立 71
　　　　5.1.1 引擎罩几何模型导入 71
　　　　5.1.2 引擎罩有限元模型 71
　　　　5.1.3 引擎罩网格划分 72
　　5.2 某新能源 SUV 引擎罩模态和刚度工况的定义 74
　　　　5.2.1 引擎罩模态分析的原理 74
　　　　5.2.2 引擎罩模态工况分析 75
　　　　5.2.3 引擎罩刚度工况定义 75

5.3 某新能源SUV引擎罩模态和刚度结果分析 78
   5.3.1 引擎罩模态结果分析 78
   5.3.2 引擎罩正向弯曲工况刚度结果分析 81
   5.3.3 引擎罩侧向弯曲工况刚度结果分析 82
   5.3.4 引擎罩扭转工况刚度结果分析 83
   5.3.5 引擎罩模态和刚度分析总结 85
5.4 本章小结 85

第6章 电池包结构设计与分析 86

6.1 电池包的结构组成 86
6.2 电池包模型的建立和仿真 89
   6.2.1 电池包模型和内部结构 89
   6.2.2 模型仿真 90
6.3 某新能源SUV电池包的模态和刚度分析 93
   6.3.1 电池包模态分析 93
   6.3.2 电池包弯曲刚度分析 97
   6.3.3 电池包扭转刚度分析 100
6.4 本章小结 102

第7章 电池包底部结构设计与碰撞仿真分析 103

7.1 某新能源SUV电池包结构分析及模型的建立 103
   7.1.1 电池包结构分析 103
   7.1.2 电池包材料属性 104
   7.1.3 电池包网格模型的建立 104
7.2 某新能源SUV电池包碰撞仿真及优化 109
   7.2.1 直线托底碰撞试验简介 109
   7.2.2 直线托底碰撞仿真试验 110
   7.2.3 根据结果对电池包进行优化设计 112
   7.2.4 电池包优化之后的仿真结果 114
7.3 本章小结 115

第 8 章　电池包底部结构设计与球击仿真分析 116

8.1　某新能源 SUV 电池包模型建立 116
8.1.1　某新能源 SUV 电池包几何模型建立 116
8.1.2　某新能源 SUV 电池包有限元模型建立 118

8.2　某新能源 SUV 电池包球击仿真分析 126
8.2.1　球击仿真介绍 126
8.2.2　球击结果分析 127
8.2.3　结构改进 132
8.2.4　优化效果评估 136

8.3　本章小结 137

第 9 章　锂电池组液冷散热结构设计与分析 138

9.1　锂电池模组热模型 138
9.1.1　锂电池模组热模型的建立 138
9.1.2　网格划分与边界条件 139

9.2　CFD 散热仿真结果分析 140
9.2.1　电池模组温度场分析 141
9.2.2　冷却介质温度场分析 143
9.2.3　冷却介质压力场分析 144

9.3　锂电池模组散热结构优化 145
9.3.1　散热结构单因素分析 145
9.3.2　基于正交试验的冷却板结构优化 149

9.4　本章小结 153

第 10 章　结论和展望 154

10.1　结论 154
10.2　展望 157

参考文献 158

第 1 章 绪 论

1.1 研究背景及意义

随着我国正式提出碳达峰、碳中和的战略目标，新能源汽车因其节能减排方面的优势而受到市场的热烈追捧。电动汽车的市场认可度及保有量逐年攀升，并保持着快速增长的势头，连续九年销量稳居全球第一。根据中国汽车工业协会统计，2023 年我国新能源汽车产销量分别达到了 958.7 万辆和 949.5 万辆，同比分别增长了 35.8% 和 37.9%。然而，随着新能源汽车销量的暴涨，与电动汽车相关的安全问题也日益凸显。电动汽车的安全事故主要集中在自燃起火和碰撞安全两大方面。其中，电动汽车自燃起火主要是由电池引起的，而碰撞安全主要是由于电动汽车整车车身、车门、引擎罩等结构的刚强度不足导致的。据交通运输部门综合调查统计显示，约 1/3 的火灾事故是由道路异物撞击或其他类型的机械载荷造成的。地面冲击物引起的地面撞击、球击等可能导致电池包结构变形或损坏，从而引起储能元件的热失控，甚至可能导致严重的火灾事故。同时，作为电动汽车动力电池的锂电池热失控，也是电动汽车自燃事故发生的核心原因。

鉴于此，对电动汽车的关键部件，如车身、车门、引擎罩、电池包以及锂电池组的液冷散热结构进行优化设计与分析，提升这些部件的结构安全性能和散热性能，对提高电动汽车的行驶安全性、经济性和舒适性具有重要的现实意义。本书的主要研究意义如下：

（1）提供新的解决方案以改进电动汽车的安全性能。通过对电动汽车车身、车门、引擎罩的结构进行优化设计与分析，提升这些部件的结构性能，进而增强整车结构安全性能。同时，针对电动汽车最关键的部件——动力电池，开展电池包结构设计、刚强度分析、碰撞与球击分析，并对电池液冷散热结构进行优化设计，为提高电动汽车电池的安全性提供理论支持，有助于预防和减少电动汽车行驶过程中可能出现的安全问题。

（2）推动电动汽车技术的创新。通过对电动汽车关键部件的结构设计和性能分析，将最新的结构设计理论和分析方法应用于电动汽车整车关键部件的设计中，可以更好地促进相关技术的创新和发展，提高电动汽车的整体安全技术水平。

（3）进一步推动电动汽车的快速发展。开展电动汽车关键部件的结构设计与分析研究，不仅能够推动电动汽车技术的创新和进步，还能够为实现电动汽车的广泛应用提供理论和实践支持，具有重要的社会效益、经济效益和环境效益。

1.2 国内外研究现状

1.2.1 白车身结构设计与分析研究现状

蔡智清[1]以某 SUV 白车身为研究对象，使用 CAD 软件 CATIA 进行模型的搭建，并将搭建好的模型导入 HyperMesh 进行前处理，利用后处理软件 OptiStruct 对白车身结构和尺寸进行优化，最终得到满足目标要求的白车身。

孔令振[2]在已有工程数据模型的基础上，选择 Nastran 作为求解器进行动/静态的仿真分析，并对不符合要求的部分进行结构设计优化，同时实现白车身的轻量化。

邹缘良[3]结合理论与实际，对某国产白车身进行结构和灵敏度优化，最终得到轻量化优化的白车身。

王甜甜等[4]采用 DOE- 近似建模 - 优化设计的策略，实现了性能验证并通过轻量化目标的白车身。

鲍娣[5]综合应用多目标优化算法和蒙特卡罗模拟技术，在保证刚度的同时提高了汽车产品的可靠性。

丰亮[6]采用优化拉丁超立方法提取实验数据，并进行了白车身的轻量化研究，最终得到了理想的优化解。

王震虎[7]使用相对灵敏度分析方法研究白车身，以优化白车身结构性能和实现车身质量轻量化为目标，以一阶整体模态振型和某结构性能为边界条件，最终使用特殊的遗传算法得到轻量化设计后的白车身。

MOHAN et al.[8]通过识别优化内部加强件，将白车身划分为独立区域，在适当的地方增加或减少结构，结合试验设计与理论优化，在白车身概念设计阶段对车身各立柱进行优化隔板设计，以轻量化的优化模式提高车身刚度。

MANOHAR et al.[9]在对白车身结构进行拓扑优化的基础上，实现了白车身轻量化并达到目标结构性能指标。

YAHAYA et al.[10]对白车身结构的模态振动性能进行了拓扑优化，获得了理想结构性能的白车身。

LONDHE et al.[11]在试验设计的基础上，使用优化仿真设计技术，对白车身的模态振型和刚强度进行研究，最终得到轻量化优化后的白车身。

DUAN et al.[12]运用隐式参数化技术，通过全局灵敏度分析，使用帕累托前沿追踪算法，实现轻量化设计策略，对白车身进行结构性能的拓扑优化。这一优化设计方案在提高白车身强度和模态性能的同时，也实现了轻量化。

OU et al.[13]以白车身碰撞、NVH和静态强度为研究目的，通过灵敏度分析和拓扑优化实现轻量化，使用蒙特卡罗模拟技术对白车身进行优化，最终得到通过轻量化优化设计的白车身。

综上所述，已有一些学者对白车身进行了研究，但大多数研究对象仍然是传统车辆，且主要研究方向是轻量化，而对于整车车身安全性能中至关重要的刚度研究相对较少。此外,新能源车辆与传统油车在动力和布局方面存在显著差异。因此,为提升新能源 SUV 车身安全性能,促进新能源汽车产业快速发展,亟需对新能源 SUV 白车身的刚度进行深入研究。

1.2.2 车门结构设计与分析研究现状

宋琪[14]使用 CAE 分析软件构建了车门的有限元模型,并基于此模型对车门的刚度特性和模态特性进行了详尽的仿真分析。为了验证这一有限元模型的可靠性和准确性,进一步结合了实际的试验测试数据。通过对比仿真结果与试验数据,有效地验证了模型的精确度和可靠性。

操芹等[15]通过对比车门护板腰部侧冲击的仿真分析结果与试验数据,验证了车门护板侧冲击仿真分析方法的准确性和高仿真精度。这种方法不仅能够精确模拟实际碰撞场景,还能有效地预测车门护板在侧面碰撞中的性能表现。基于这一可靠的仿真技术,成功地对某车型的车门护板腰部冲击区域进行了优化设计,确保其满足了车门护板的设计要求和安全标准。

周鋐等[16]首先运用试验分析技术和有限元分析方法对某乘用车的车门进行模态分析,得到了车门固有频率和振型,并对比试验数据验证了有限元模型的准确性;然后对车门的侧向刚度、下沉刚度和扭转刚度进行求解;最后基于模态应变对车门能量集中部位进行准确定位,并对换为车门内板下侧等部位进行了优化,提高了车门低阶模态刚度值,取得了较好的优化效果,为车门的后续优化设计提供了指导。

毛凌丽等[17]采用了 HyperMesh 软件对车门进行了精细的有限元网格划分,随后利用 MSC.nastran 软件对车门进行了模态求解,成功获得了车门的固有频率。为了验证仿真分析结果的准确性,将计算结果与实验结果进行了对比。对比结果显示,仿真分析与实验测试数据能够很好地吻合,这充分证明了分析过程的高精度和可靠性。结果不仅验证了所建立的车门有限元模型的准确性,也说明了该模型能够真实地反映出车门的结构特性。

丁鸿儒[18]针对某型乘用车车门,成功构建了其有限元分析模型,并进行了详细的计算分析。准确地计算出了该乘用车车门的刚度值,为车门的性能评估提供了重要依据。在有限元分析的基础上,进一步对车门结构进行了优化,尤其是车门铰链处的加强件和车门内板的设计。通过精心设计和优化,成功地在不增加车门重量的前提下,实现了车门的减重,并同时降低了车门的最大应力。

许佳斌等[19]以某款SUV前车门为例,在CATIA中建立车门的三维模型,导入HyperMesh中进行模型的简化和网格划分,并对车门的静力学参数进行分析,以确定该车门结构设计的合理性和可靠性是否满足各项性能指标的要求,为车门结构设计和优化提供思路。

袁理等[20]将设计的车门三维模型导入HyperMesh软件中进行详细的几何清理、修复及简化工作,利用HyperMesh对车门进行了网格划分,建立了车门零部件的有限元模型及车门总成结构有限元模型,并为车门各零件赋予了物理属性和厚度。这些属性包括材料的弹性模量(E)、密度(ρ)、泊松比(v)等。使用OptiStruct软件对车门进行自由模态分析,得到了车门的固有频率和振型。这些结果为评估车门的动态特性提供了重要依据。

邢志波[21]建立了车门的有限元模型。对该模型进行自由模态分析以及下沉刚度分析,发现一阶模态频率较低,存在与车身共振的可能。并且进行了车门的模态试验和车门下沉刚度试验。将分析所得结果与试验结果进行对比验证,发现两个结果相差较小,说明该有限元分析模型的准确性达到要求。

PENDERGAST[22]为实现轻量化设计,需要对车门各个零件的厚度进行优化设计,以保证在强度、刚度符合要求的同时,材料能得到最大化利用。

SAKURAI et al.[23]通过优化金属板的规格、半径、周边条件和加固方式,显著减轻了外板的重量。以某汽车的几种外板为例,采用有限元分析方法对其刚度进行计算，结果与实验结果吻合。

综上所述，尽管目前国内外已有一些关于车门的研究，但这些研究大多基于传统汽车，并没有充分关注到新能源汽车车身安全中起决定性作用的刚强度问题。因此，对新能源 SUV 车门刚强度进行研究和计算，具有一定的实用价值和必要性。

1.2.3 引擎罩结构设计与分析研究现状

余本善[24]使用 HyperMesh 软件建立了某引擎罩的有限元模型，并运用 Nastran 软件分析了其自由模态和刚度。在设计阶段，经过深入研究和分析，发现了引擎罩在使用过程中存在的问题。为了提高引擎罩的模态和刚性，以及其他性能，采取了多项改进措施。例如，针对引擎罩内板强度不足的问题，加强了其结构和厚度；对于铰链固定板的固定性能不足的问题，增强了其厚度；同时，增加了引擎罩内板的数量和强度，并增加了引擎罩锁扣固定板支架的数量和稳定性，以确保引擎罩的使用效果达到设计目标。这些改进措施大大提高了引擎罩的模态和刚性，使其能够承受更大的载荷和冲击，同时也提高了其耐用性和可靠性，满足了用户的需求。

陈海宁等[25]以某 SUV 车型的引擎罩为例，设计了 W 型、竖型和 V 型三种不同结构的引擎罩，并进行了分析。结果表明，在满足刚度要求的条件下，V 型结构的引擎罩是最佳方案，它能够减轻 13.84％的重量。

林辉和余本善[26]针对某型号汽车的引擎罩进行了有限元分析和优化研究。他们首先基于测量数据建立了该引擎罩的三维有限元模型，并使用 HyperMesh 软件对其进行几何清理和网格划分，以满足计算要求。其次，利用求解器对引擎罩的模态特性进行了分析，获得了其低阶自然频率和振型等相关参数。实验结果表明，在怠速运转时，该引擎罩存在明显的振动问题。为此，提出了一套基于材料选型和结构优化的解决方案，调整了引擎罩的几何形状，增强了局部结构的刚度，成功地降低了引擎罩的振动幅值,提高了其工作稳定性和可靠性。

陈海潮等[27]在引擎罩的设计和研究中,建立了一个包含各种刚度参数的库。他们成功地提出了引擎罩表面密度的概念,通过分析库中各参数之间的联系,并深入探究了引擎罩特征尺寸与质量之间的关系。同时,还进行了更深入的研究,探究了引擎罩特征尺寸与模态参数之间的关系,并基于库中各参数关系曲线,准确地定义了引擎罩的刚度参数,提出了一种全新的设计方法。这种方法为新车型的开发提供了重要帮助,同时也增强了引擎罩在实际使用中的稳定性和可靠性,从而为用户提供更好的安全保障。

杨妹等[28]为了验证所提出的方案的有效性,建立了行人头部模拟器、六角形蜂窝夹层以及本书提出的4条柔韧带手性蜂窝夹层吸能引擎盖的有限元模型,通过仿真比较,评估了两种不同引擎盖对行人头部碰撞保护性能的差异。结果表明,相较于六角形蜂窝夹层方案,提出的4条柔韧带手性蜂窝夹层吸能引擎盖方案表现更为出色,它能够更好地吸收碰撞冲击,减缓行人头部受损伤的风险。

邢艳云等[29]使用Nastran软件对引擎罩有限元模型进行了两次模态分析,得到了引擎罩优化前后的振型图,并分析了前6阶的模态值,为设计符号EURONCAP行人头部保护标准的SUV车型提供了评价参考。

黄小征等[30]利用CAE仿真软件对引擎罩的多项性能指标进行了全面分析和研究。重点考察了扭转刚度、侧边中间和中后部分的刚度以及一阶约束模态等关键性能指标。在确定了这些性能参数后,着重研究了以碳纤维复合材料为基础的引擎罩的各项性能表现。经过大量数据分析和实验测试得出结论:基于碳纤维材料构建的引擎罩不仅可以满足所有的设计目标值,而且在比较中表现更优异,各项性能指标均明显优于钢材,并成功地实现了减重47%的目标,为引擎罩轻量化提供了参考。

段锦程[31]通过使用HyperMesh软件的MORPHING模块实现了对引擎罩梁截面的修改,并使用Isihgt软件建立引擎罩多目标优化平台。

在这个过程中，采用了一系列先进的技术手段。为了最大化引擎罩的轻量化效果，不断地进行参数化和调优，并使用多个软件进行联合仿真，其中，Isihgt 软件的遗传算法起到了至关重要的作用。通过运用这种智能算法，可以快速、准确地找到最优解，并在保证引擎罩原有结构不受影响的前提下，实现其总重的显著降低。

吴方贺[32]使用 CAE 软件来辅助进行纤维铺层设计，并采用碳纤维和玻璃纤维两种增强体来制作引擎罩。通过仿真分析，确认了应用碳纤维复合材料可以实现引擎罩的轻量化，并且效果显著。这意味着，在制作引擎罩时采用碳纤维复合材料是完全可行的。

WANG et al.[33]采用一种名为"无参数形状优化方法"的新技术，广泛应用于汽车主轴承减载孔的设计中。这种方法可以在不增加设计参数的情况下，通过对原有结构进行优化，有效地减少结构重量，同时满足了强度约束条件。相较于传统的设计方法，无参数形状优化方法的优势在于可以避免过多的试错和修改，从而快速地得到最优解。

JIN et al.[34]采用有限元方法对焊接过程中的温度场和应力场的分布特点与变化规律进行了仿真分析。通过研究这些特性，进一步探讨了工艺参数对焊接结果的影响。由于焊接过程中存在着复杂的热流、热变形和应力等问题，因此在研究中借助有限元方法来模拟焊接过程中的温度场和应力场，以便更加准确地分析其特性和变化规律。通过对这些问题的深入研究，为激光焊接技术的优化提供了更加有效的方案。

综上所述，通过对新能源 SUV 引擎罩进行模态和刚度分析，改变引擎罩的各项参数来对其进行研究，优化其性能，从而提升新能源汽车引擎罩的结构性能。

1.2.4 电池包结构设计与分析研究现状

刘家员[35]采用有限元方法分析电池包的安全性，并在满足法规要求的前提下进行轻量化分析。分析了电池包有限元的理论基础和计算步骤，确定了设计要点、尺寸和材料等参数，使用 CATIA 进行建模，建立了有限元模型。基于冲击和模态分析理论，对电池包进行了碰撞、挤压、跌落、冲击和振动五种工况分析，通过非线性加速度曲线和边界条件加载物理性质，运用Lanczos-QR阻尼法完成了模态、随机振动和动刚度工况分析。

崔长青[36]以某款电动汽车的动力电池包作为研究目标，综合采用有限元法、模态实验法和人工智能算法对动力电池包结构进行了结构优化设计，并对优化后的电池包结构进行了安全性和耐用性校核。

周旺[37]利用3D建模设计和幂耐新能源科技（上海）有限公司的冲压设备进行试验，按国家标准进行力学强度试验的有限元仿真模拟。通过CATIA建立初始的3D数值模型，使用HyperMesh软件进行网格划分和连接设置，利用HyperMesh/CAE进行自由模态和动力学方程求解，并通过Tosca进行部件优化。在模拟碰撞试验中评估失效表现，利用FLUENT进行充放电仿真分析，评估动力电池包的安全性能。

吕志雄[38]基于某款纯电动汽车设计了电池包机械系统，并利用有限元方法进行结构性能分析，同时提出了改进建议。

付静江[39]以某款纯电动车的动力电池包为研究对象，通过CATIA几何建模软件对该动力电池包进行结构简化。根据整车有限元建模，使用HyperMesh软件建立动力电池包的有限元模型，并进行静态和动态性能分析。结果表明，在三种典型静态载荷工况下，电池包的最大应力值和最大位移量均在安全范围内。电池包的第一阶固有频率高于该车的激励频率，能够满足安全性能要求。

鲁春艳等[40]利用变密度法建立了优化数学模型，以电池包柔度最小为目标进行结构强度和模态响应分析。通过形貌优化改进电池包结构，不仅提高了电池包的强度和刚度，还有效避免了频率共振问题。同时，该优化措施使得箱体质量降低了8.67%，成功实现了轻量化目标。

陶银鹏和王丽娟[41]介绍了CAE技术在电动汽车电池包设计中的应用，包括模态、静态、动态、疲劳和轻量化分析等方面。

吴平[42]基于DOE试验方法构建电池包下箱体设计变量和目标之间的响应面模型，并验证了响应面模型的精确性。在此基础上，结合遗传优化算法对多目标方程进行寻优,迭代得到一阶约束模态频率与总质量的前沿解,选取适合的解并验证,优化实现了显著的轻量化效果,并提升了一阶约束模态频率。最后,基于随机振动疲劳理论和疲劳累计损伤理论对优化后的电池包进行了随机振动疲劳寿命研究。

倪洋溢和王浩源[43]为了改进电池包箱体结构设计存在的不足,建立了细致的电池包外壳体有限元模型,简化了内部电芯、内部热管理模组和电子元器件。结合 HyperMesh 与 OptiStruct 分析了电池包的常见静力学工况和模态,并利用 LS-DYNA 分析了挤压工况。研究并考察了电池包的安全性,结果显示电池包结构刚度和强度偏低,并对电池上盖进行形貌优化。经过多次迭代优化,在原有结构性能基础上,有效提升了其刚度的性能表现。

ARORA et al.[44]利用参数图(一种基于值的概念分析方法,被应用于分析电动汽车电池性能的不一致性)研究了电动汽车电池模块设计与客户需求的交互,并确定了用于电动汽车应用的模块化电池组设计的关键工程特性。因此,可变性的来源对 EV 电池组的批量生产产生了不利影响,被确定并将其与控制因素集区分开来。理论上,适当的控制水平设置可以最小化 EV 电池组对可变性来源的敏感性。

ROLAND et al.[45]基于能量吸收和封装效率对一种机械电池组结构进行了性能评估,从而在实际碰撞性能的基础上优化 EV 的整体性能。该研究将商业上可用的电池组结构与替代几何概念进行竞争性评价。基于几何考虑,研究确定了最大可能的包装效率,并利用耐撞性指标评价了其吸能特性。

综上所述,国内外学者已经针对电池包结构设计与优化开展了一系列研究工作。然而,为降低电池包重量,提高电池包的安全性,电动汽车电池包的结构设计与优化还需进一步研究和探索。

1.2.5 电池包底部结构设计与碰撞仿真分析研究现状

杨威[46]建立了道路异物几何参数结构模型,并建立了车用动力电池包底部碰撞运动学模型,结合有限元仿真和球头挤压试验,深入研究了薄板在施加载荷时的变形失效机理。基于应变硬化材料理论,得出了临界失效位移和最大加载力的两个简单表达式,并应用于车用动力电池包底部结构失效的预测分析。

习波波等[47]对电池包在各种工况下的碰撞进行了研究分析,并设计出一种底部碰撞的检测方案,研究了底部机械滥用情况下电压以及电池物理结构的变化,分析了现有底部碰撞分析的不足之处,以及未来的发展方向,同时也为电池包底部的防护研究提供了有效的测试方法和参考。

郜效保[48]为一款新能源汽车设计了电池包模型,进行了网格划分并建立了有限元模型。对电池包进行了正面碰撞和侧面碰撞两种工况下的分析,并根据分析结果对其进行结构和材料上的优化,改进了电池包结构的薄弱之处,最终得出了符合规定的电池包模型。

王辉等[49]对整车电池包底部进行了精确的建模仿真,构建了很多种电池包的模型,并在多种工况下进行碰撞仿真。对试验结果进行深入分析,得出了电池包的液冷板、底板、外壳、防护梁等部件受力变形的情况,并总结出电池包的结构设计要求。

王月等[50]通过对交通事故进行统计分析,总结了电池包底部碰撞常见的几种工况,包括向上撞击和水平撞击。同时,建立了电池包底部碰撞分析的有限元模型,并对不同工况进行了仿真,得出了在水平撞击工况中整车最小离地间隙位置和电池包前部防护结构的设计对该工况有重大影响的结论。

李兵兵[51]建立了动力电池包的有限元模型,采取质量点代替内部模组形式,仿真计算得到电池包箱体的前6阶模态和振型。结果发现箱体的一阶模态低于路面激励频率,可能与路面激励产生共振。通过在汽车急停、快速启动、突然转弯、受飞石碰撞等状况下进行仿真,得出了各类工况对电池包性能的影响程度,以此来对电池包进行优化设计,提升了电池包底部的刚强度,大大降低了共振对电池包内部元件的损坏。

贾丽娜[52]基于电池包的等效模型进行研究,深入分析了底部碰撞和垂直撞击两种碰撞形式对电池包的影响。该研究从电池包刚度和强度两方面进行分析,指出电池包要能够保护其内部重要部件,且在两种工况下的应力分布情况不同。因此,需要对电池包结构进行优化,以避免垂直冲击对电池包的损伤。

王国杰等[53]针对行业对电动汽车底部碰撞工况研究较少且无相关标准和法规的现状,设计出了一种碰撞模型以及壁障,并通过仿真试验验证碰撞形式的合理性以及可行性。根据电池包底部的受损状况,对电池包进行了防护优化,并在同一工况下对优化后的模型进行碰撞仿真,验证优化措施是否有效降低了碰撞对电池包的损坏。

孙昕辰等[54]以提高一阶固有频率为优化目标,建立了电池包箱体结构的优化模型。经过结构优化设计后,利用ANSYS软件对电池包下箱体进行碰撞分析。结果显示,碰撞体的最大侵入量为0.818 mm,远小于4.5 mm,满足新能源汽车碰撞的安全要求。

张扬等[55]建立了高压电池包模型,并依据有限元理论对高压电池包进行静力学和模态分析,同时对电池包进行碰撞应力分析。以减小电池包在外力作用下的应力与变形为目标,对电池包进行结构优化,并通过仿真分析验证优化结果。

周豫城[56]选取了车辆正面、侧面、底部碰撞三种工况,采用将电池包放置在整车中考虑的整体性思维,基于碰撞法规,使用仿真与试验相结合的研究方法,对底部电池包的安全性进行了分析。

YONGJUN et al.[57]建立了电池外壳的有限元模型,并基于控制方程和显式有限元程序LS-DYNA,依照相关的标准,对外壳赋予三种不同的钢材料,并进行电池包的耐撞性分析和轻量化设计仿真。结果发现材料的不同以及厚度都会影响电池包的性能和耐撞性,并从这几个方面对电池包进行了优化。

KUKREJA et al.[58]通过有限元仿真对几种电池组配置进行了整车碰撞分析,比较了多功能电池系统与单独使用电池的电池组和使用蜂窝固体作为能量吸收器的电池组,得出了电池的损伤程度和能量存储能力，以及不同的材料在碰撞过程中吸收能量的程度。

Fengchong et al.[59] 从方形磷酸铁锂电池的详细结构和内部短路失效机理出发，建立了方形磷酸铁锂电池内芯的新型本构方程和电池的有限元模型。对挤压工况下电池的形变进行了分析，预测了碰撞过程中电池内部短路产生的位置，并对其进行了优化改进，以提升电池的安全性。

综上所述，国内外学者对电池包有了一定的研究，新能源汽车也在不断发展，使用范围非常广泛。为了提高新能源 SUV 汽车电池的安全性能和用户体验，对新能源电池包的研究势在必行。

1.2.6 电池包底部结构设计与球击仿真分析研究现状

李昀[60] 基于形貌及多学科综合优化理念，对电池包进行了轻量化耐撞优化设计，既满足了电池包的强度要求，又达到了轻量化标准。

孙小卯[61] 通过对电池包进行有限元疲劳寿命分析，并选择新型材料进行优化设计，提出了电池包顶盖、侧围、底座的改进方案。

孔德佳等[62] 以预浸料模压成型（PCM）底板替代钢底板，通过 Radioss 软件建立了电池包底部球击仿真模型，分析了球击仿真中的应力应变云图和模组侵入量情况。研究表明，PCM 底板可以替代钢板，为电池包的底板设计和轻量化提供了指导。

李冰等[63] 利用隔板托举电池模组，并通过在底板设计加强筋来改善冲击时电芯形变的程度，为电池包应对机械载荷冲击与自身轻量化需求提供了设计思路。

倪洋溢和王浩源[43] 对电池包箱体进行有限元建模，通过有限元软件分析了电池包的模态、弯曲刚度等静力学工况，并利用 LS-DYNA 进行球击、挤压工况分析，对上盖进行形貌优化，提出了一种新型的加强筋集成方式。

黄芦等[64] 以某款电动汽车的电池包为研究对象，进行了响应动态冲击分析，其结果对于动力电池包的地面碰撞分析及电池包的安全性能研究具有参考意义。

程生等[65]基于优化后的应力三轴度与失效应变关系参数,采用GISSMO材料失效本构模型进行底部球击仿真模拟分析,提出了一种可以运用于仿真分析中裂纹产生、材料失效问题的失效模型。

乔红娇等[66]基于有限元分析软件,对某款电池箱进行局部结构优化,通过引入加强筋提高箱体刚度,并验证了优化方案的可行性。

兰凤崇等[67]通过采用多材料与结构优化并行结合的途径,对动力电池包箱体进行了结构优化设计,最后得到了理想的箱体结构和材料方案。

彭亮等[68]建立了整车虚拟试验场动力学模型和精细化电池包模型,进行了整车在坠落和球击工况下的电池包安全性分析,并提出了一种关联整车试验的电池包系统台架验证方法。

KISTERS et al.[69]采用新的层板结构代替平板进行碰撞模拟,指出防爆自适应三明治结构在吸能和抗变形方面优于其他层板,并提出了一种高强度电池包底板的设计。

KIM et al.[70]提出了一种新的电池组多材料混合设计,并通过有限元模拟随机振动疲劳试验对其性能进行评价,最后得出了电池组结构混合设计的可行性。

ZHU et al.[71]精心建立了电池包结构的有限元模型,对三种夹层防护板和一种增强壳体底部冲击防护结构进行了对比分析,并在考虑轻量化和底部冲击防护性能的前提下,提出了一种填充波纹结构的夹层底部防护板结构。

NIRMALA et al.[72]采用金属纤维层压板(FML)在动态冲击载荷下保护电池,并利用非线性有限元法对方案进行研究。通过参数化研究厚度、黏结强度以及破坏和软化效应两个损伤参数的影响,提出了一种薄金属层通过中间复合材料黏合在一起的杂化材料防护板结构。

KLAUS et al.[73]对电池包箱体进行轻量化结构优化,得到了高能量密度的电池包。

综上所述,国内外学者在这一领域进行了大量的理论和实验研究,提出了许多先进的电池包底部设计方案和技术。这些研究为电池包底板的防冲击与轻量化设计提供了参考和指导。然而，电池包底板的安全设计还需要更深入的研究，以使电池包外壳体能够承担更多的防护功能，保护电芯在碰撞中不发生严重的变形，减轻电池系统起火和爆炸的可能性[74]。

1.2.7 锂电池组液冷散热结构设计与分析研究现状

电池热管理技术是确保动力电池在适宜温度范围内安全、高效运行的关键技术。它不仅可以防止电池过热引发的热失控问题，还能在低温环境下对电池进行预热，提升电池的充电和放电性能。目前，按其传热介质可以分为风冷、液体冷却、相变材料冷却等[75]。

1. 风冷式研究现状

风冷是一种被动冷却方式，以空气作为传热媒介，借助自然对流或强制对流的方式来实现对电池的降温。自然对流冷却是电池直接与外部空气热交换，换热能力较弱；强制对流冷却是通过使用风扇、泵或其他机械装置来将高速的空气吹进电池，从而增强热量从电池表面到环境中的传递。故按其空气流动的类型可以将风冷流道分为串行流道和并行流道，如图1.1所示。

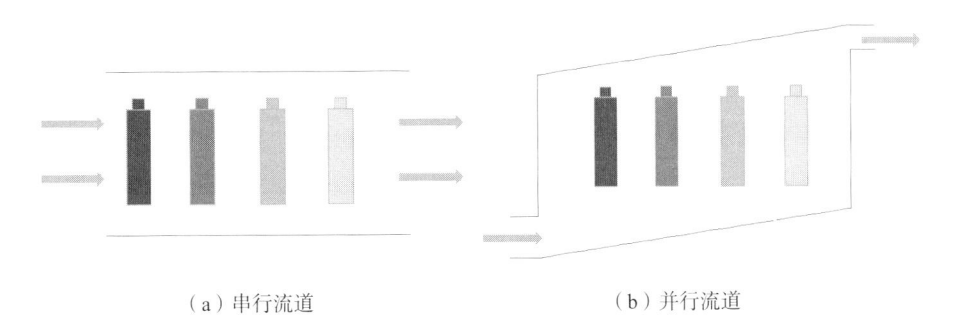

（a）串行流道　　　　　　（b）并行流道

图1.1 风冷流道结构形式

FAN et al.[76]深入研究了电池间距与空气流量对模型散热效果的影响。研究结果显示，缩小电池间距并提升空气流量可以有效地降低最高温度。

宋俊杰等[77]采用上下分层、逆向送风的散热结构进行了实验研究，结果表明该结构能够有效地改善电池组内部的温度分布，并使电池组内的温差减小 0.7℃。

彭影[78]针对并行通风结构下的电池模组，深入研究了自然对流、强制对流、空调风以及冷却液强制对流四种散热方案，并对它们进行了对比分析。研究发现，这四种方法都有其应用范围，只有将各种方法组合起来，才能满足电池组的散热需求。

尽管风冷结构简单、成本低、易于维护，但其换热性能较差，无法满足高要求的散热需求。随着电池组向更大规模、更高能量密度的方向发展，采用风冷技术将会变得更加困难，因此必须采用更高效的冷却方式。

2. 液体冷却式研究现状

液冷散热是利用冷却液为导热媒介，通过对电池组的对流传热，将电池组中的大量热能从电池组中抽离出来，实现对电池模组的降温。从冷却液与发热源的接触方式来看，液体冷却（简称"液冷"）可分为非接触式（NCLC）和接触式（CLC）两大类。非接触式液冷主要指冷板式液冷，将发热元件贴近冷板，液体在冷板内流动并带走发热元件的热量，而液体不与发热源直接接触。接触式冷却则常常将发热元件浸没在冷却液中，通过液体温升或相变带走热量。冷板式液冷系统如图 1.2 所示。

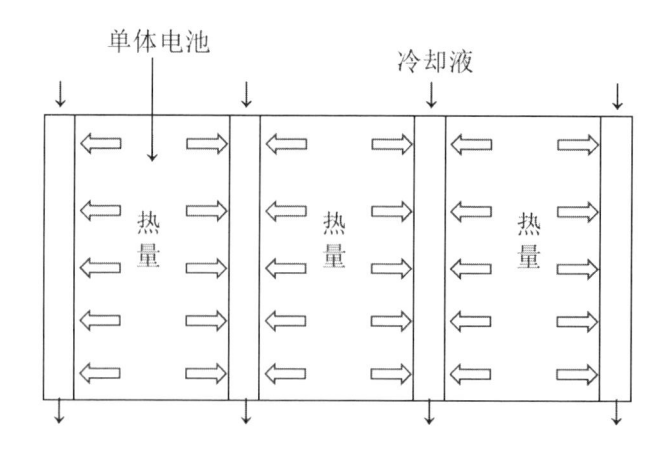

图 1.2 冷板式液冷系统

CHEN et al.[79] 提出了三种冷却方案：空气冷却、接触式液体冷却和非接触式液体冷却，以实现对锂离子电池的高效散热。研究结果表明，非接触式液体冷却在散热性能上展现出卓越的表现，不仅在散热效率上优于接触式液体冷却，而且在实际应用中也拥有更广泛的适用范围。

IBRAHIM et al.[80] 提出了一种紧凑的蛇形冷板结构，以增加液体冷却面积。研究结果表明，这种结构可以使电池组件之间的温度差小于 3.5℃。

AMALESH et al.[81] 设计了七种不同流道结构的微流道，并对不同流道结构下的传热与流场进行了分析，并与平行直角矩形通道冷却板对比分析后，发现设计的每种冷却板都具有更好的性能，能够将高放电工况下的锂离子电池温度控制在 40℃以下。

1.2.8 相变材料冷却式研究现状

相变材料冷却通过相变材料在固态与液态之间的转化，实现对电池的散热与加热。在吸热过程中，材料从固态转变为液态，虽然过程中温度变化不大，但能吸收大量潜热，有效调节电池温度。

HALLAJ et al.[82] 率先将相变材料应用于电池散热结构中，通过仿真发现相变材料能够降低电池的温升速率，改善电池的温度分布。

吴学红等[83] 通过向石蜡中添加膨胀石墨（EG）制备了复合相变材料（CPCM），并分析了纯相变材料（PCM）与 CPCM 的导热系数对电池散热性能的影响。将膨胀石墨加入到石蜡中制成 CPCM，并分析了 CPCM 与纯 PCM 的导热系数对电池散热的影响。

林裕旺等[84] 分析了高导热材料的种类以及质量分数对电池散热的影响。研究发现，膨胀石墨是优良的热传导材料，复合后的 EG/PCM 具有良好的成形效果。

上述三种冷却方式各具优缺点，电池组的散热模式选择主要依据其工作环境而定。当前，最广泛的冷却方式包括风冷散热和液冷散热。当电池模组发热量比较小时，风冷散热方式因其简单高效而备受青睐；

当电池模组发热量较大且温度分布不均匀时，液冷散热方式则因其出色的散热效果和温度控制能力而成为首选。

目前，相关学者对锂电池液冷散热结构优化设计开展了许多研究，锂电池液冷散热结构能耗和冷却效果得到了一定改善，但仍然存在改进空间。综合考虑电池组工作特性及其他相关因素，本书拟改善锂电池液冷散热方式，以确保电池组的稳定运行和高效散热，为电动汽车锂电池液冷散热结构的开发提供理论参考。

1.3 本书的主要研究内容

本书以电动汽车白车身、车门、引擎罩、电池包、锂电池组液冷散热结构等关键部件为对象，开展电动汽车关键部件的结构设计与分析，提出了相应关键部件的结构设计、分析和优化方案，为进一步提升电动汽车整车安全可靠性能提供理论参考。

1. 车身结构设计与分析

以某款新能源 SUV 汽车的白车身为研究对象，首先搭建其三维模型，再将该模型导入 HyperMesh 软件中进行网格划分。对网格划分后的白车身模型施加边界条件并进行仿真。在后处理界面对该款新能源 SUV 白车身进行激励模态振型、静态弯曲刚度和扭转刚度等性能的分析，最后将分析结果与企业提供的指标数据进行对比。

2. 车门结构设计与分析

针对某新能源 SUV 车门，根据企业提供的实际车门数据，使用 CATIA 进行建模，使用 HyperMesh 进行前处理，并采用有限元分析方法，利用求解器 ABAQUS 进行求解。对车门进行模态与刚度分析，并验证得到的刚度结果是否符合需求。

3. 引擎罩结构设计与分析

以某新能源 SUV 引擎罩为研究对象，建立其有限元模型，并使用 HyperMesh 和 Nastran 软件对引擎罩进行模态和刚度分析。通过将分析结果与标准进行比较，判断引擎罩的结构设计是否满足要求。

4. 电池包结构设计与分析

以某企业正在开发的一款电动汽车电池包为研究对象，使用 CATIA 软件建立电池包的模型，并将该模型导入 HyperMesh 仿真软件中进行模态和静刚度分析。最后，将分析结果导入 HyperView 中生成需要的仿真云图，并判断仿真结果是否符合设计要求。

5. 电池包底部结构设计与碰撞仿真分析

以某企业正在开发的一款电动汽车电池包为研究对象，首先使用 UG 软件对电池包进行三维建模，然后将该模型导入 HyperMesh 有限元分析软件中进行网格划分，并按照实际要求赋上材料属性以及厚度，建立有限元模型。最后对划分好的模型进行直线托底碰撞仿真，分析电池包底部的变形状况和所受压力分布情况，根据结果对电池包进行优化分析。

6. 电池包底部结构设计与球击仿真分析

以某企业正在开发的一款电动汽车电池包为研究对象，首先使用 UG 软件对电池包进行三维建模，随后将该模型导入 HyperMesh 有限元软件中进行前处理，得到满足球击仿真计算条件的有限元模型后，再利用 LS-DYNA 软件进行球击仿真求解。分析侵入量与塑性应变结果后，对底板进行结构优化，再次对优化后的模型进行球击仿真，验证结构优化后的有效性。

7. 锂电池组液冷散热结构设计与分析

以某企业正在开发的纯电动车锂电池组为分析对象，使用 CATIA 软件建立电池几何模型，采用 FLUENT 软件对不同冷板结构下电池模组和冷却介质的温度场，以及冷却流道的压力场进行仿真分析。分析不同的流道结构对电池散热的影响，并在此基础上对冷却板的结构优化和传热性能展开研究。

第 2 章　电动汽车关键部件结构设计与分析理论基础

2.1　CAE 分析介绍

CAE（computer aided engineering，计算机辅助工程）是一种用于模拟和分析复杂工程结构的数值方法，它有助于更好地理解和预测材料的刚度、强度和弹塑性特性。在汽车行业，CAE 可以用来分析振型模型，如自由模态和约束模态，研究弯曲刚度和扭转刚度，分析座椅安装应力点，并有助于优化结构设计。20 世纪 70 年代，CAE 软件开始流行，并逐渐发展壮大。最早出现的商业 CAE 软件之一是美国 NASA 公司开发的有限元分析系统 Nastran。时至今日，CAE 软件已经非常成熟，经过 50 多年的发展，科研人员不断提高 CAE 软件的前处理、有限元求解和后处理功能的各项功能，以满足市场需求和适应计算机硬件与软件技术的快速发展。在中国，常用的有限元分析软件有 ANSA 和 HyperMesh 等。

一般来说，CAE 软件分析的过程可以划分为以下 3 个阶段：

（1）前处理。通过有限元划分软件将三维模型转化为准确的有限元分析模型，并为其施加各种实际工况。

（2）有限元求解。基于有限元模型进行分析，使用各类求解器进行求解，得出需要分析的结果。

（3）后处理。对有限元求解出的结果进行评价，收集分析结果，包含各类云图。本书使用的云图包括模态振型云图和弯扭刚度位移云图。

2.2 有限元理论

有限元理论是一种广泛应用于工程计算的方法，它首先通过将实际物理问题抽象成一系列有限个简单形状的子区域，然后在每个子区域内建立数学模型进行求解。通过将整个物理问题分解为有限个简单子区域，并在这些子区域上构建适当的数学模型，有限元理论使工程问题的求解变得简单而有效。

有限元理论的基本思想是将实际问题离散化，建立一个称为有限元模型的数学模型。在这个模型中，实际物理问题被分成若干个简单的几何形状，这些形状称为有限元。在每个有限元上，都可以建立一个简单的数学矩阵，该矩阵可以用来描述元素内部的物理行为。通过将这些有限元组合在一起，可以构建出整个物理问题的数学模型，然后利用计算机对这个数学模型进行求解。

有限元理论的核心在于将实际物理问题的求解转化为一组代数方程的求解。具体来说，有限元理论将实际问题离散化为若干个有限元，每个有限元内部的物理行为可以通过一组代数方程来描述。这些代数方程可以通过解线性方程组的方法进行求解。因此，有限元理论的核心是建立一个适当的数学模型，并通过解代数方程组的方法对这个模型进行求解。

在实际工程中，有限元理论已经广泛应用于结构力学、流体力学、电磁场等多个领域。总之，有限元理论是一种将实际问题离散化，建立数学模型并通过解代数方程组求解的有效工程计算方法。通过有限元理论，可以对实际工程问题进行准确计算和分析，为实际工程设计提供有效的支持。实际应用步骤如下。

1. 结构离散

重构目标结构时，将结构分解成有限个单元体，并在其中建立节点。这些节点需要有明确的位置，并且相邻单元体之间需要保持连续性，以便将初始结构形态替换为全新的集合单元体。

2. 单元分析

单元分析主要思想是将结构分割成有限个单元，并以节点为基础建立单元，以确保相邻单元的连续性。在单元分析中，将节点的移动轨迹替代为结构中心点的移动轨迹，通过连续的无限小约束条件求解结构刚度方程。最终，通过节点位移和单元节点应力之间的转换方法进行求解。

（1）位移模式。锁定分析计算的单元，先分析结构性质，建立单元位置变化的插值函数，然后形成点的位移方程式。位移方程式为

$$\{f\} = [N]\{\delta\}^e \quad (2.1)$$

式中：$\{f\}$ 为单元位移模式；$[N]$ 为单元形函数矩阵；$\{\delta\}^e$ 为单元节点位移矩阵。

（2）单元应变关系式为

$$\{\varepsilon\} = [L][N]\{\delta\}^e = [B]\{\delta\}^e \quad (2.2)$$

式中：$\{\varepsilon\}$ 为单元应变；$[B]$ 为几何矩阵。

（3）利用近似平面问题在力学中的物理关系得到单元的应力为

$$\{\sigma\} = \{\sigma_X \sigma_Y \sigma_{XY}\}^T = [D]\{\varepsilon\} = [D][B]\{\delta\}^e \quad (2.3)$$

式中：$[D]$ 为与单元材料有关的弹性矩阵。

根据虚位移原理，建立节点上位移和力的平衡方程为

$$\{F\}^e = \left(\iiint [B]^T [D][B] \mathrm{d}x\mathrm{d}y\mathrm{d}z\right)\{\delta\}^e = [K]^e\{\delta\}^e \quad (2.4)$$

式中：$\{F\}^e$ 为单元节点矩阵；$[K]^e$ 为单元刚度矩阵。

（4）完整平衡方程。单元的完整平衡关系为

$$[K]^e[\delta] = [F] \quad (2.5)$$

式中：$[K]^e$ 为整体刚度矩阵；$[\delta]$ 为结构位移矩阵；$[F]$ 为结构载荷矩阵。

(5)解析节点位移并求值,求解单元应力。根据边界条件和由式(2.5)得出节点位移的数值,再将该值代入式(2.2)和式(2.3)中,求解出节点的应变和应力以及任意单元的位移、应力和单元应变。

(6)输出结果。

2.3 HyperMesh 和 LS-DYNA 软件的介绍

HyperMesh 是一款强大的有限元网格生成软件,具有以下几个优点:

(1)易于使用:HyperMesh 使用图形用户界面,用户可以直观地通过拖曳、分割、粘贴等操作对模型进行网格化,从而简化了操作流程,降低了学习成本。

(2)灵活性高:HyperMesh 提供了多种模型导入和导出格式,支持多种材料和元素类型,可以满足不同行业和用户的需求,同时支持自定义脚本进行批量操作。

(3)高效性:HyperMesh 具有自动优化算法和模型分析功能,可以在网格化的过程中自动调整节点位置和单元数量,提高了网格质量和计算效率。

(4)可视化效果好:HyperMesh 具有直观、清晰的 3D 可视化效果,有助于快速定位和调整网格化过程中的错误与问题。

同时,与其他软件相比,HyperMesh 又具有以下优势:

(1)更多的功能和工具:HyperMesh 拥有丰富的网格生成、编辑、优化和分析工具,可以满足不同行业和用户的需求。

(2)更高的性能和速度:HyperMesh 的网格生成和优化算法较为先进,可以生成更高质量的网格,同时计算速度更快,提高了工作效率。

(3)更好的兼容性:HyperMesh 支持多种 CAD 格式,可以直接导入多种模型,同时支持多种计算软件的导出格式,可以方便地进行多软件之间的数据传递。

总体而言，HyperMesh 是一款功能丰富、易于使用、高效快速的有限元网格生成软件，其先进的算法和多样化的工具使用户可以更加轻松地完成网格化和优化工作。因此，本书选用该软件进行 SUV 白车身结构有限元分析。

LS-DYNA 是以 Lagrange 算法、显式求解、结构分析、非线性动力为主的通用有限元软件。其搭载的显式求解器能够基于显示时间积分提前计算下一步，处理快速变化的物理现象。在碰撞、爆炸、结构动力性等领域具有无可替代的优势。LS-DYNA 具有以下优点：

（1）LS-DYNA 的算法决定了其拥有卓越的计算效能，能够充分利用计算资源，轻松应对大型复杂模型，实现快速而又精确的仿真。

（2）LS-DYNA 具有多物理场耦合能力，能够模拟出多重物理场相互干涉的交互过程，具有更加真实的工况模拟能力。

（3）LS-DYNA 具有卓越的可扩展性，支持用户自定义脚本，能够实现自动化重复性任务、定制特定分析流程、添加额外功能、自动化优化和参数研究。此外，它还对用户开放软件子程序的内核。

2.4 锂离子电池的产热机理及传热分析

2.4.1 锂离子电池的产热机理

锂离子电池的产热机理主要涉及其在电池中的电化学反应和内阻等因素。具体来说，锂离子电池的产热主要来自反应热 Q_r、极化热 Q_p、焦耳热 Q_j 和副反应热 Q_s 这几个方面。因此，电池总生热量为

$$Q = Q_r + Q_p + Q_j + Q_s \tag{2.6}$$

1. 反应热 Q_r

锂离子在正负极之间移动（嵌入和脱嵌）时，通过电解质进行离子传输，从而实现电能的储存和释放。这些电化学反应伴随着能量的

转换，其中一部分能量以热量的形式释放出来，称为反应热。其计算公式为

$$Q_r = \frac{nmQI}{MF} \qquad (2.7)$$

式中：n 为单体电池数量；m 为电极总质量，g；Q 为电极热量和，J；I 为电池充放电电流，A；M 为摩尔质量，g/mol；F 为法拉第常数，值为 96484.5 C/mol。

2. 极化热 Q_p

在充放电过程中，由于电极表面的电荷分布不均匀，会产生极化现象。极化现象会导致电极电势的偏离，进而产生极化热。极化热的计算较为复杂，为了简化计算，本书假设一个极化内阻 R_p，其产生的热量为极化热。其计算公式为

$$Q_p = I^2 R_p \qquad (2.8)$$

式中：I 为电池充放电电流，A；R_p 为等效的极化内阻阻值，Ω。

3. 焦耳热 Q_j

由于磷酸铁锂电池内部存在电阻，当电流流过时会产生热量。其计算公式为

$$Q_j = I^2 R_o \qquad (2.9)$$

式中：I 为电池充放电电流，A；R_o 为电池欧姆内阻，Ω。

4. 副反应热 Q_s

锂离子电池在使用过程中，电解液可能会发生分解反应，电池也可能会发生自放电现象，这些副反应产生的热量为副反应热。由于副反应热的热量很小，在实际计算过程中通常忽略不计。

2.4.2 锂离子电池的传热分析

锂离子的传热特性主要涉及锂离子电池内部的热量传递过程，通

常包括热传导、热对流和热辐射三种方式。

1. 热传导

电池模组在充放电过程中,其内部的热量通过正负极材料、隔膜和电解液等传递至电池壳体。这些传递到壳体的热量与冷却板进行热交换,从而实现锂电池组的散热。其计算公式为

$$q = -\lambda_n \frac{\partial T}{\partial n} \tag{2.10}$$

式中:q 为热流密度,W/m²;λ_n 为导热系数,W/(m·K);$\partial T/\partial n$ 为 n 方向上的温度梯度。

2. 热对流

在本书中,冷却液在冷却板内流动时,掠过电池壁面带走电池热量。其计算公式为

$$q = h(T_w - T_1) \tag{2.11}$$

式中:q 为热流密度,W/m²;h 为对流换热系数,W/(m²·K);T_w 为冷却板的表面温度,K;T_1 为冷却介质的温度,K。

3. 热辐射

热辐射是指锂电池组内部存在电池单体、电解液、隔膜等多种材料表面产生的辐射,将锂电池组中的热量进行传递。其公式为

$$Q_w = \varepsilon A \sigma (T_1^4 - T_2^4) \tag{2.12}$$

式中:Q_w 为热辐射量,W;ε 为热辐射率,W;A 为电池辐射面的面积,m²;σ 为 Stefan–Boltzman 常数,σ=5.67E-8W/(m²·K⁴);T_1 为电池辐射面的温度,K;T_2 为环境温度,K。

在热量传递的过程中,尽管热辐射是存在的,但电池内部的热量主要是通过材料本身进行传导,热辐射在整个传热过程中占比相对较小。因此,在后续的计算中,为了提高计算效率和简化模型,主要考虑热对流和热传导两种方式。

2.5 锂离子电池热物性参数

以方形磷酸铁锂电池作为本书的研究对象。电池具体的规格参数见表2.1。

表2.1 磷酸铁锂电池的规格参数

规　　格	参　　数
阳极材料	LiFePO$_4$
阴极材料	石墨
尺寸/(mm×mm×mm)	148×118.5×28.2
标称容量/Ah	52
标称电压/V	3.2
重量/g	981
充电温度/K	273.15～328.15
放电温度/K	243.15～333.15
内阻/mΩ	0.5～0.8

由于锂离子内部结构十分复杂，涉及多种复杂的化学反应，因此精准构建热模型的难度很大。为了简化模型并提高计算效率，本节基于锂电池的结构特性和热物性参数的分布规律，提出以下合理的假设：

（1）整体均匀性假设：为了简化模型，忽略壳体和极板对电池散热的影响，将其看作一个整体，假设这个整体的热量产生和分布是均匀的。

（2）恒定热物性参数假设：假设电池的热物性参数是恒定的，不随其充放电状态变化而变化。进一步地，假设导热系数为正交，取各个方向的平均值。

（3）忽略内部对流传热和热辐射假设：在电池内部，对流传热和热辐射不是主要的热传递方式。为了简化模型并提高计算效率，在热传递中忽略这两种效应。

本书通过查阅相关文献[15]，获得磷酸铁锂电池内部组成材料的热物性参数，通过等效热阻法计算电池的导热系数，使用加权平均法计算电池的比热容和密度。电池材料的热物性参数见表2.2。

表 2.2 电池材料的热物性参数

结 构	厚度 / μm	密度 / (kg/m³)	比热容 / [J/(kg·K)]	导热系数 / [W/(m·K)]
铜箔	10	8903	390	401
铝箔	10	2703	880	238
正极材料	55	1354	1216	1.58
负极材料	55	2217	1437.50	3.30
隔膜	30	1008.90	1978.20	1.05

1. 导热系数

锂离子电池的内部结构包括电解液、正极、负极、极耳和隔膜等多个组件，它们层叠而成。为了简化分析，本书可以将其视为一个均匀材质的内核，该内核在3个正交方向上具有不同的导热系数，并且在同一方向上的导热系数是一致的[16]。基于热阻串并联理论，可以发现这些不同材料在厚度y方向上相互叠加，形成了串联的排列方式。y方向上导热系数方程表示如下。

厚度方向上的导热系数为

$$\lambda_y = \frac{L_y}{\sum_i \frac{L_{yi}}{\lambda_i}} \quad (2.13)$$

长度和宽度上的导热系数为

$$\lambda_x = \lambda_z = \sum_i \frac{\lambda_i L_{yi}}{L_y} \quad (2.14)$$

式中：L_y为电池的厚度，m；L_{yi}为电池材料各层的厚度，m；λ_i为各层材料的导热系数，W/(m·K)；λ_x、λ_y和λ_z分别为电池3个方向上的等效导热系数，W/(m·K)。

2. 电池比热容

锂离子电池的比热容可以通过计算其内部各组成材料的质量加权平均比热容来估算，计算公式为[17]

$$C_{\text{batt}} = \frac{\sum_i (\rho_i L_i) c_i}{\sum_i (\rho_i L_i)} \tag{2.15}$$

式中：C_{batt} 为电池的比热容，J/(kg·K)；ρ_i 为电池各材料的密度，kg/m³；c_i 为各材料的比热容，J/(kg·K)；L_i 为电池各材料的厚度，m。

3. 电池密度

锂离子电池的整体密度可以通过对其内部各部分材料的密度进行质量加权平均的方法来求得，计算公式为

$$\rho_{\text{batt}} = \frac{\sum_i L_i \rho_i}{\sum_i L_i} \tag{2.16}$$

式中：ρ_{batt} 为电池的密度，kg/m³；ρ_i 为电池各材料的密度，kg/m³；L_i 为电池各材料的厚度，m。

通过以上 4 个方程分析计算得出方形磷酸铁锂电池的热物性参数，见表 2.3。

表 2.3　磷酸铁锂电池的热物性参数

密度 /(kg/m³)	比热容 /[J/(kg·K)]	导热系数 /[W/(m·K)]
1983	1530	29.8/1.2/29.8

2.6　锂离子电池生热速率模型

在构建电池热模型的过程中，确保电池生热率的准确计算至关重要，因为这将直接影响电池温度分布的预测和电池热管理策略的有效性。为了实现这一目标，我们通常依赖经过验证的电池生热率模型，如 Bernardi 模型，来建立合理的电池生热率模型。其计算公式为

$$q = \frac{1}{V_b} \left[I^2 R + T \frac{\mathrm{d} E_0}{\mathrm{d} T} I \right] \tag{2.17}$$

式中：q 为单位体积锂离子电池的生热率，W/m³；V_b 为电池生热部分的体积，m³；I 为充放电电流，A；R 为电池的内阻，Ω；I^2R 表示电池产生的焦耳热，J；dE_0/dT 为温度系数；E_0 为开路电压，V；T 为电池温度，K；$T(dE_0/dT)I$ 表示电池产生的可逆反应热，J，以充电为负，放电为正。

基于上述分析，可以构建出电池的生热模型，导热微分方程和 Bernardi 生热率的计算公式为

$$\rho_{\text{batt}} C_{\text{batt}} \frac{\partial T}{\partial t} = \lambda_x \frac{\partial^2 T}{\partial x^2} + \lambda_y \frac{\partial^2 T}{\partial y^2} + \lambda_z \frac{\partial^2 T}{\partial z^2} + q \quad (2.18)$$

初始条件和边界条件的公式分别为

$$T(x, y, z, 0) = T_0 \quad (2.19)$$

$$-\lambda \frac{\partial T}{\partial n} = h(T - T_\infty) \quad (2.20)$$

式中：ρ_{batt} 为电池的密度，kg/m³；C_{batt} 为电池的比热容，J/(kg·K)；q 为单位体积锂离子电池的生热率，W/m³；λ_x、λ_y 和 λ_z 分别为电池3个方向上的等效导热系数，W/(m·K)；T_0 为电池的初始温度，K；n 为边界的法向；T_∞ 为环境温度，K。

在多数实际应用场景中，电池的放电倍率常设定为 1C、2C 和 3C。基于这一点，需要计算在常温条件下，单体磷酸铁锂电池以 1C、2C 和 3C 放电倍率时的生热率。其生热率见表 2.4。

表 2.4 磷酸铁锂电池的生热率

电池放电倍率 /C	1	2	3
生热率 /(W/m³)	5515	16300	32357

2.7 本章小结

本章首先介绍了 CAE 分析、有限元理论及关键分析软件，特别对

锂离子电池的内部结构、工作原理、产热机理、传热分析、热物性参数以及生热速率模型进行了详细介绍。同时，分析了锂离子电池的传热方式，并对电池模组做出了一系列合理的假设，从而获得了电池的关键参数，利用 Bernardi 生热方程建立了电池的生热模型。这些理论基础为后续章节的研究奠定了坚实的基础。

第 3 章 车身结构设计与分析

3.1 某新能源 SUV 白车身有限元模型的建立

3.1.1 白车身结构

白车身是汽车生产制造中重要的零部件之一，它是指已经焊接但未进行涂装的车身，不包括前后车门和前后引擎盖、车厢盖。白车身主要由前后地板、门槛、侧围、发动机室、顶盖、后围等零部件组成。在汽车制造中，白车身的制造工艺环节至关重要，因为它不仅直接影响着汽车的质量和安全性能，同时也是车身制造过程中的成本最高环节之一。

白车身主要由钢板经过弯折、冲压等一系列钣金操作加工成零部件后，再通过焊接连接组成。这些零部件的装配需要高度精确，以确保车身尺寸链的准确度和精度。在白车身的结构设计中，各个零部件的布局、强度、刚度等都需要进行合理的设计和布置，以保证汽车整体的稳定性和安全性。

白车身作为汽车的重要组成部分之一，在汽车整体中扮演着重要的角色。当白车身结构牢固、刚度足够时，可以提高汽车的行驶稳定性，也可以提高汽车的乘坐舒适度。同时，白车身在整个汽车生产流程中所占比重很大，其制造成本也相对较高。因此，汽车制造厂商需要不断优化生产流程和提高工艺水平，以实现对生产成本的控制和降低汽车售价。因此，对白车身的结构优化设计，需要采用科学合理的方法和技术手段，以提高白车身的整体性能和制造质量，进而推动汽车制造业的发展。

3.1.2 白车身网格模型建立

为了建立符合要求的白车身有限元模型，为此选择了 HyperMesh 作为本书研究的有限元建模软件。HyperMesh 在汽车行业应用广泛，具有优秀的前处理功能，可用于多种求解器的前处理接口。与其他有限元软件相比，HyperMesh 具有功能强大、支持多种网格类型等优点。此外，HyperMesh 还提供了一系列的工具和功能，如网格自适应、壳单元自动划分等，可以有效提高模型的质量和准确性。HyperMesh 采用的单位制为 T–s–mm–N。白车身网格模型建立流程如图 3.1 所示。

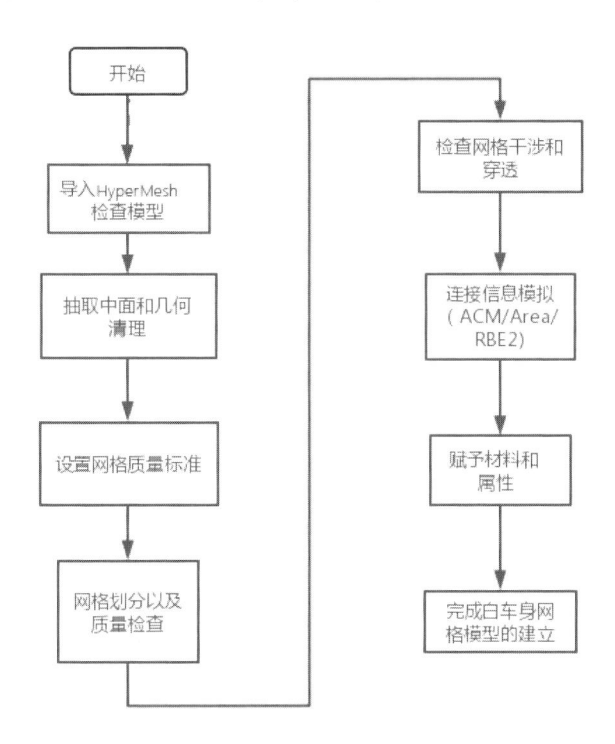

图 3.1 白车身网格模型建立流程

1. 几何模型建立导入和修复

首先根据企业提供的数据在 CAD 软件中建立白车身三维模型，如图 3.2 所示。然后将白车身三维模型导入 HyperMesh 中进行有限元网格划分。但是，在不同软件之间切换和不同接口的文件输入/输出中，可能会导致三维模型的部分几何特征缺失，如破面和缺面等。如果不修复缺失的几何特征,就可能会导致抽取 Mid-Surface 失败,无法提取出进行仿真所需的 Mid-Surface。因此,在划分网格之前需要先修复这些错误,以保证后续步骤的正常进行。

图 3.2 白车身三维模型

2. 白车身几何清理和网格特征划分

HyperMesh 软件能够快速生成准确的几何模型,以实现高质量的网格划分。然而,由于存在一定程度的缺陷,这种模型难以满足准确性的要求,因此需要对其进行优化以更好地满足分析需求。同时,有限元模型的质量也是决定结构分析结果可靠性的关键因素。因此,应该尽力减少此类情况,以提高分析的准确性和可靠性。

几何清理通常分为以下几类:

(1)减少冗余曲线和过于密集的硬点,可以提高网格质量,并在此基础上划分辅助线和辅助点来帮助规划网格划分区域。

(2)忽略太小的圆形孔(直径小、数量大、为定位设计的非受力孔)和大型螺栓孔(为安装某些部件而设置),一般情况下,直径小于 6 mm 的孔可以忽略。

(3)分割单元格后重新划分,然后重新分布单元格。

(4)通常采用表面重新划分、线条压缩和相邻点的整合,以精确调节单元尺寸,从而创建大范围的几何形状。

(5)在进行结构分析时,对于不会对结构产生明显影响的倒角、圆角和局部孔等细小特征,可以直接忽略。这有助于创建平滑且连续的几何表面,并提高网格划分的质量。对于为了保护或避免管道、线束而设计的特征，相对于整个车身的力学性能而言，它们的影响微乎其微，因此可以在预处理时去掉这些特征，以提高网格整体的质量。

对钣金件常见的几类特征进行有限元网格特征划分，情况如图 3.3 所示。

（a）钣金件倒角特征　　　　　（b）钣金件加强肋特征

（c）钣金件孔特征　　　　　（d）钣金件凸台特征

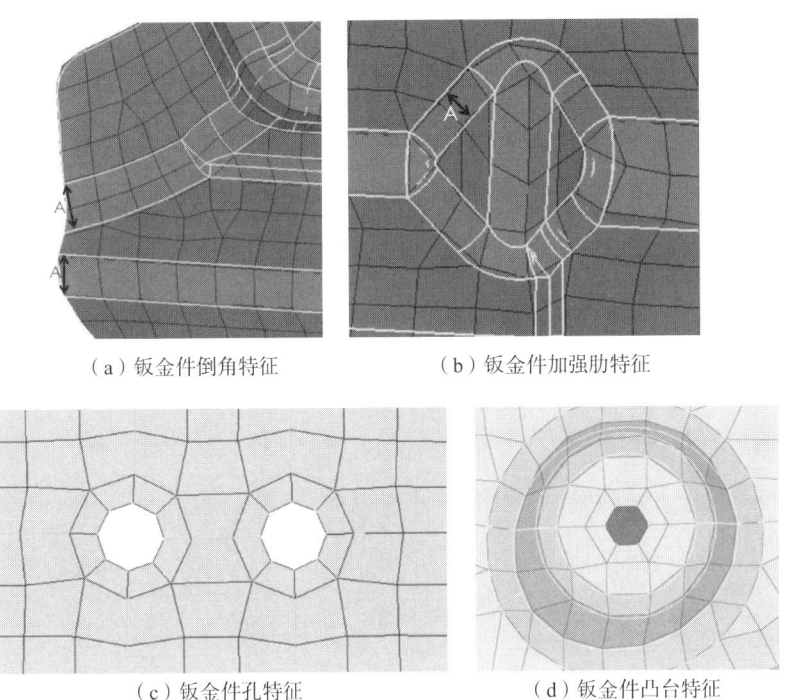

图 3.3　有限元网格特征划分图

（1）钣金件倒角特征：倒角网格一般根据网格质量标准要求来进行划分。当倒角小于最小尺寸时，画一排网格；当倒角特征接近平均尺寸，大于最小尺寸两倍时，画两排网格。钣金件倒角特征如图 3.3（a）所示。

（2）钣金件加强肋、加强筋特征：加强肋、加强筋是增强钣金件结构性能的辅助手段。钣金件加强肋特征如图 3.3（b）所示。

（3）钣金件孔特征：在对钣金件孔进行划分时，需要在孔周围划分一层 Washer，其形状如图 3.3（c）所示。对于孔 Washer 的要求是网格节点数必须为偶数，并且不允许存在三角形网格。

（4）钣金件凸台特征：凸台特征一般用于两个零件之间的螺栓连接、定位孔或工艺孔。钣金件凸台特征如图 3.3（d）所示。

3. 白车身网格划分

车身钣金件多采用 1~2 mm 的薄钢进行冲压和焊接，因此，所有钣金件可以采用 Shell 单元进行网格划分。参照有限元离散思想，用 HyperMesh 软件将白车身钣金件以混合壳单元的方式进行离散化建模，单元类型主要以四节点四边形壳单元为主，在特征过渡区域可以出现三节点三边形壳单元。结构离散与计算精度之间的关系是：离散的结构单元节点越多，计算的精度就越高，但同样也会使计算时间增加。综合考虑到模型的计算精确度和时间成本，将网格数量控制在 50 万个左右为最佳。因此，本书将白车身网格划分的平均尺寸设置成 8 mm。白车身钣金件划分出的网格如图 3.4 所示。网格单元总数为 583826 个，网格节点总数为 591335 个。

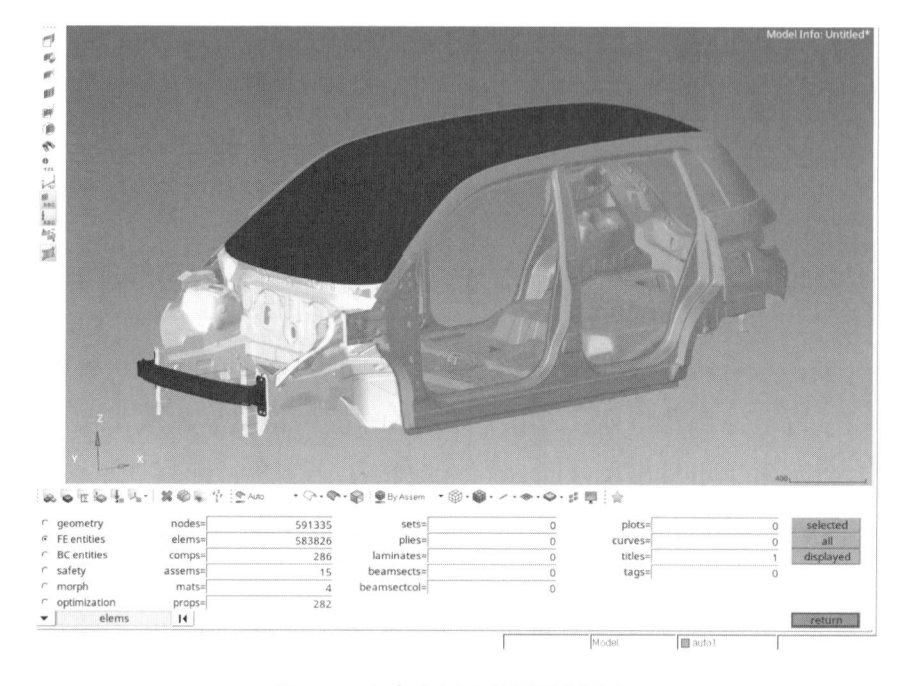

图 3.4　白车身钣金件网格划分图

4. 网格质量检查

有限元分析对网格质量要求非常苛刻，必须达到网格质量的标准。白车身钣金件的网格质量指标见表 3.1。网格质量和有限元计算的精确度成正比，网格质量越低，仿真准确度就越低。网格质量检查主要针对网格单元的质量,其中包括 Min Length(最小长度)和 Max Length(最大长度)、Aspect Ratio(网格纵横比)、Warpage(翘曲度)、Max Angle(最大角度)和 Min Angle(最小角度)、Skew(扭曲度)、Jacobian(雅可比)、% of trias(三角形单元百分比)等指标。具体介绍如下。

表3.1 网格质量标准

指标名称			标准值
Min Length			4
Max Length			12
Aspect Ratio			5
Warpage			12
Quad(四边形)		Min Angle	40°
		Max Angle	135°
Tria(三角形)		Min Angle	30°
		Max Angle	120°
Skew			40
Jacobian			0.6
% of trias			10%

Min Length 和 Max Length 是单元最短和最长边,网格质量要求网格的最短边不小于4 mm,最长边不大于12 mm。

Aspect Ratio 表示单元最长边和最短边的比值。它是因为单元形状的差异而出现的,长宽比越接近1,单元就越接近正四边形。此外,网格质量要求其比值通常小于5。

Warpage 是指一个四边形可以视作两个三角形的组合,两个三角形平面相接产生的夹角就表示单元的翘曲程度,翘曲度反映了四边形单元偏离平面的程度。理想单元的翘曲度是0,网格质量要求的最大值为12。对于翘曲度过高无法修正过来的四边形单元,可以选择将其划分成两个三角形。由于翘曲度是由平面产生的夹角而导致的,所以三角形网格不存在翘曲度。

Min Angle 和 Max Angle 是单元的最小和最大内角，网格质量要求四边形网格的最小内角不小于40°，最大内角不大于135°；三角形网格的最小内角不小于30°，最大内角不大于120°。

Skew 表示单元夹角的偏斜程度，四边形单元的理想夹角为90°，三角形单元的理想夹角为60°。

Jacobian 表示网格形状偏离实际几何形状的程度。Jacobian 的数值范围为0~1。其中，1表示实际几何形状，网格质量标准要求 Jacobian 的值大于0.6。

% of trias 表示三角形网格在整体白车身网格中所占据的比例，网格质量标准要求三角形网格数目不能超过总网格数目的10%。

为了符合质量评价标准，需要根据单元质量评价指标图调整模型节点位置的网格。此外，还需要对其他细节进行检查，首先要检查网格连续性，确保网格连续且不存在红色的自由边界；其次要进行重复单元格的检查，之后需要检查单元法向，所有单元法向方向必须一致。在检查完以上内容后，还要去检查模型的干涉和穿透，确保处理完成后，才能算是完成了一个可以用于计算的有限元模型。

5. 连接模拟

白车身主要由数目上百的各式钣金件组成，它们主要通过焊点连接，除此之外还有胶粘（顶盖、翼子板）和螺栓连接。焊点连接使用 ACM 单元进行模拟，如图 3.5（a）所示。ACM 单元可以从两层焊点连接模拟到多层焊点连接，在两块钣金件相接位置多用两层焊模拟，而当多块钣金件相接时就选择使用多层焊点模拟。胶粘连接的模拟方式使用 Area 单元进行模拟，Area 单元由五面体和六面体网格混合及若干 RBE3 单元组成，如图 3.5（b）所示。螺栓连接则采用 RIDGE 单元模拟，如图 3.5（c）所示。按照企业提供的白车身模型数据中的连接信息，模拟车身各处的连接关系，不同的连接模拟方式如图 3.5 所示，白车身连接模拟有限元模型如图 3.6 所示。

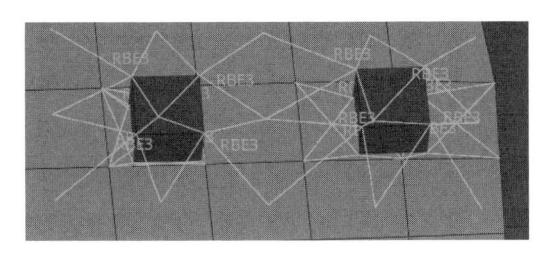

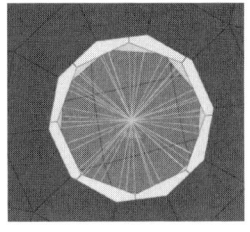

(a) 焊点 ACM 连接图　　　　　　　　(c) 螺栓连接图

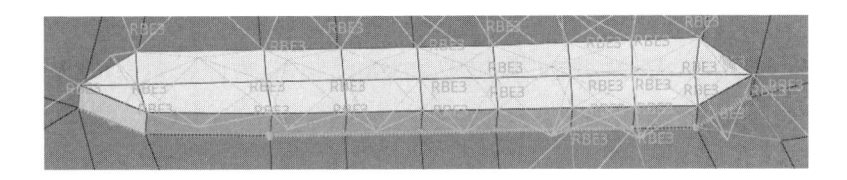

(b) 胶粘 Area 连接图

图 3.5　不同的连接模拟方式图

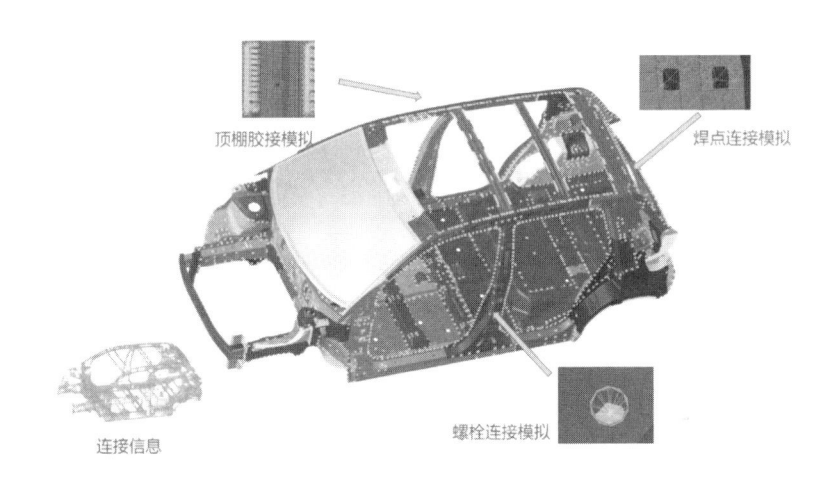

图 3.6　白车身连接模拟有限元模型

6. 赋予材料和属性

白车身主要由钢材制成钣金件组成，焊缝和碰撞焊产生的焊点也是由钢材构成。此外，白车身的挡风玻璃采用特殊玻璃材料，还有少量部位使用固态胶水连接。这些材料的物理属性一般用弹性模量、密度、泊松比来表示，白车身的零部件材料属性见表 3.2。

在完成白车身钣金件网格划分和连接模拟后，就需要将对应的材料和属性赋予对应的零部件。因为白车身的钣金件基本都是采用抽取中面的方法进行划分网格，属于壳单元，因此统一赋予 PSHELL 属性。PSHELL 是具有厚度属性的壳单元，所以下一步按照三维模型设计的零部件厚度与零部件属性进行一一对应。白车身中还有少量的实体单元，比如焊点的 ACM 实体单元和胶粘的 Area 实体单元，它们统一赋予 PSOLID 属性。PSOLID 为实体单元，没有厚度信息，因此无须赋予厚度。白车身钣金件的材料均为钢材，只是含碳量有细微的差别，所以钣金件的弹性模量、密度和泊松比数值大小都一样。因此，白车身钣金件壳单元和 ACM 焊点单元赋予 Steel 材料属性，模拟的胶粘实体单元赋予 Glue 材料。

表 3.2 白车身零部件材料属性

材料属性	弹性模量 /MPa	密度 / (kg/m^3)	泊松比
Steel（钢）	2.10E+5	7.9E-9	0.274
Glue（胶水）	50	1.2E-9	0.49
Glass（玻璃）	7.1E+4	2.4E-9	0.23

以图 3.7 白车身子部件顶棚网格为例，先赋予图 3.8（a）Steel 材料卡片，再赋予图 3.8（b）顶棚属性卡片，最后按照上述流程对整体白车身的 286 个零部件继续进行材料和属性的赋予。

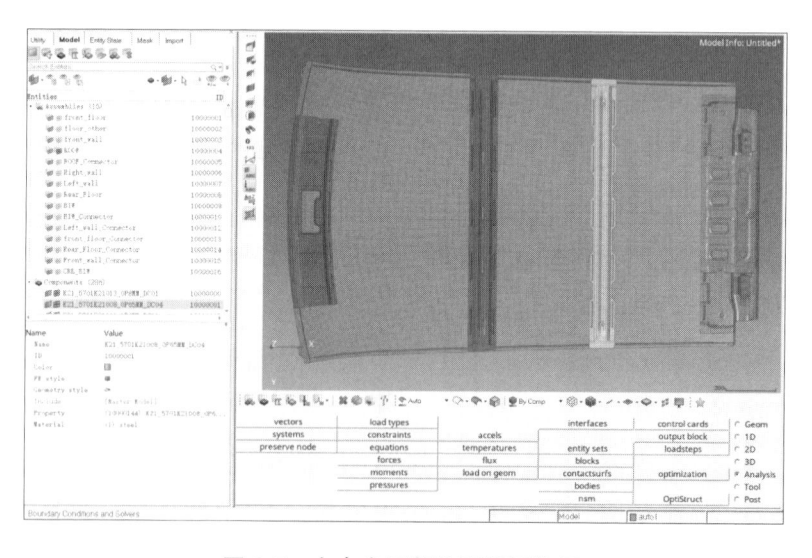

图 3.7 白车身子部件顶棚网格图

(a) Steel 材料卡片　　　　　　　　(b) 顶棚属性卡片

图 3.8　白车身顶棚材料属性卡片

最终搭建完成的白车身网格模型如图 3.9 所示。

图 3.9　白车身网格模型

3.2　某新能源 SUV 白车身的模态和刚度分析

3.2.1　白车身模态分析

白车身模态分析是一种重要的工程分析方法，它能够对车身结构的固有振动特性进行分析和优化。这种分析方法可以用来确定车身结构的固有频率和振动模态，进而对车身结构的稳定性、强度和振动性能进行评估，从而优化车身结构设计，确保其能够满足设计要求。白车身模态分析的作用可以总结为以下几点。

（1）白车身模态分析可以确定车身结构的固有频率和振动模态。通过分析车身结构的固有频率和振动模态，可以了解车身结构的强度和稳定性，从而优化设计方案，确保车身结构在工作过程中不会发生破坏和损坏。

（2）白车身模态分析可以评估车身结构的振动性能。车身结构在行驶过程中会受到各种外部载荷和激励作用，如路面激励、风载荷、发动机振动等。通过分析车身结构的振动特性，可以评估车身结构的振动响应和传递特性，从而优化车身结构的设计，确保其在工作过程中的振动性能符合设计要求。

（3）白车身模态分析可以优化车身结构的设计。通过分析车身结构的固有频率和振动模态，可以了解车身结构的强度和稳定性，并根据分析结果进行优化设计，从而使车身结构更加轻量化、强度更高、振动性能更好。

（4）白车身模态分析还可以降低车身结构的噪声和振动水平。车身结构的振动特性是引起车身噪声和振动的主要原因之一。通过优化车身结构的设计，可以降低车身结构的振动水平和噪声水平，提高车辆的舒适性和驾驶体验。

总之，白车身模态分析是一种非常重要的工程分析方法，它可以帮助我们评估车身结构的固有振动特性、振动性能和稳定性，从而优化车身结构的设计，确保其满足设计要求。在汽车工业中，白车身模态分析已成为设计、开发和验证车身结构的标准方法之一。

1. 模态分析理论

模态分析理论是一种结构动力学分析方法，它通过求解结构的特征频率、振型和阻尼等特性参数，来研究结构在振动时的响应和稳定性，是现代工程领域中非常重要的分析方法之一。

模态分析基于线性动力学理论，假定结构的振动是线性的，且结构的质量和刚度是均匀分布的。模态分析包括模态形式、模态频率和模态阻尼比3个主要方面。模态形式是指结构在不同振动模态下的振动形态。在模态形式中，结构被假定为一个弹性系统，其振动是由基本振型线性组合而成的。每个振型都有相应的振幅、相位和方向。模态频率是指结构在不同振动模态下的固有频率。在模态频率中，结构的振动频率被假定为一组正交固有振动频率，与其对应的振动模态具有特定的振动形态和能量分布。模态阻尼比是指结构在不同振动模态下的能量耗散率。在模态阻尼比中，结构的阻尼被假定为黏性阻尼和材料阻尼的总和。阻尼比越大，结构的振动衰减越快。

模态分析理论的基本假设结构是一个连续介质，由无数小的弹性体组成，因此，结构的振动可以分解为无数个小的振动，每个小的振动都具有一定的频率和振型。模态分析理论的目标就是通过求解这些频率和振型来研究结构的振动特性，从而更好地理解与评估结构的稳定性、强度和可靠性等性能。

模态分析理论的应用非常广泛，如在航空航天、汽车、机械等工业领域中，模态分析可以用于评估结构的振动稳定性和可靠性，以及诊断结构的损伤和缺陷等；在土木工程领域中，模态分析可用于评估结构的抗震性能，预测结构在地震时的响应和破坏等；在建筑领域中，模态分析可以用于评估建筑的振动和噪声性能，为设计师提供优化建筑结构设计的依据。

模态分析理论的主要步骤包括模型建立、求解特征值和特征向量、模态振型的绘制以及结果的分析和解释等。模型建立是模态分析的第一步，需要根据实际结构的几何形状、材料性质和边界条件等信息建立结构的数学模型，通常采用有限元分析等方法实现；求解特征值和特征向量是模态分析的核心步骤，需要使用数值计算方法求解结构的特征频率和振型；模态振型的绘制是模态分析的结果展示，可以帮助工程师更好地理解结构的振动特性和响应规律；最后需要对求解结果进行分析和解释，从而为后续的工程设计和优化提供依据。

总之，模态分析理论是现代工程领域中非常重要的分析方法之一，它通过研究结构的振动特性来评估结构的稳定性、强度和可靠性等性能，为工程师提供了一种重要的工具来优化结构设计。

2. 模态结果分析

为了分析白车身的低阶模态特性，可以使用 HyperMesh 软件进行模态分析。首先，在处理好的有限元网格上添加模态分析卡片 Eigrl，并使用 Block-Lanczos 法提取模态。一般来说，低于 1Hz 的模态是 6 个基础自由度的模态振型，因此从 1Hz 开始计算起始模态频率，并提取前 8 阶的模态分析结果进行分析。图 3.10 显示了白车身的前 8 阶模态振型云图；表 3.3 描述了前 8 阶模态振型的频率大小和特征。

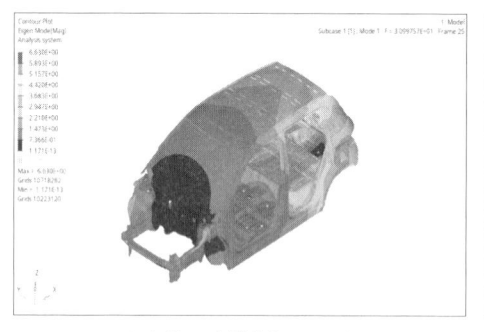

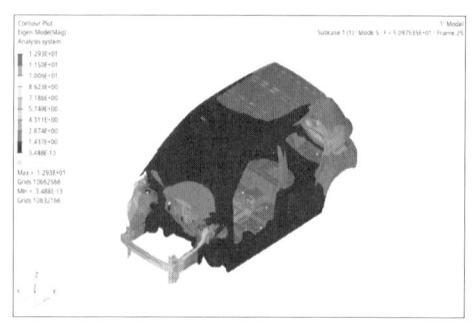

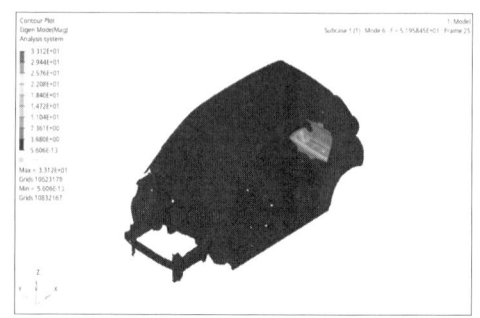

（a）第 1 阶模态振型云图　　　　　（b）第 2 阶模态振型云图

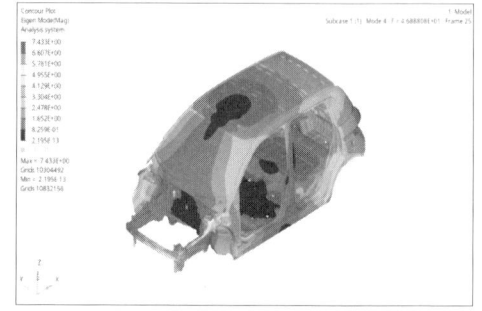

（c）第 3 阶模态振型云图　　　　　（d）第 4 阶模态振型云图

（e）第 5 阶模态振型云图　　　　　（f）第 6 阶模态振型云图

图 3.10　白车身的前 8 阶模态振型云图

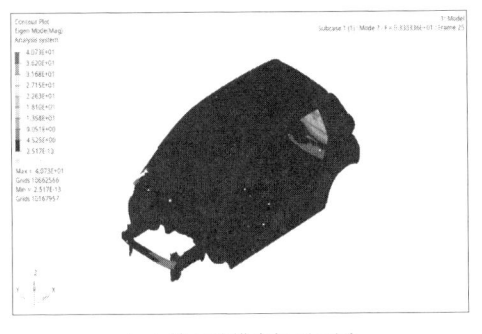

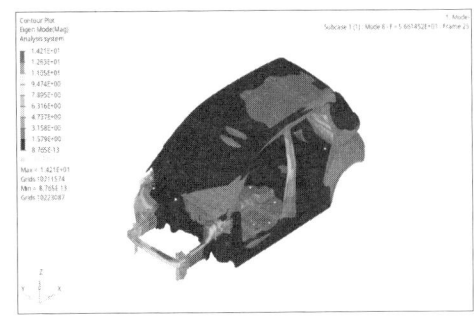

(g）第 7 阶模态振型云图　　　　（h）第 8 阶模态振型云图

图 3.10（续）

表 3.3　前 8 阶模态振型的频率大小和特征

阶　数	频率 /Hz	模态振型描述
1	30.399	后门框局部扭转模态
2	43.20	车身前部局部扭转模态
3	45.50	整体一阶弯曲模态
4	46.88	整体一阶扭转模态
5	50.97	车身前部局部扭转模态
6	51.95	后围底部局部模态
7	53.33	后围底部局部模态
8	56.61	车身前部局部扭转模态

由图 3.10 和表 3.3 可知，白车身第 1、2、5、6、7 和 8 阶为局部模态。但局部模态和高阶模态对车身动态性能的影响相对较小，因此，白车身模态分析主要侧重第 3 和第 4 阶的整体模态。

在八种模态云图中，整体和局部模态都存在。但整体模态和车身的动态性能密切相关。因此，更关注对整体模态的分析。根据相关白车身分析的有关文献记载，当汽车在正常路面行驶时，路面会产生 20 Hz 的激励[1]。当车身经过崎岖路面时，可能会激发一阶弯扭模态的振动，从而导致共振现象的发生。因此，为避免这种情况的发生，车身的一阶固有频率必须高于 20 Hz。所述的一阶扭转模态和弯曲模态的频率分别为 45.50 Hz 和 46.88 Hz，均高于路面激励源的 20 Hz，表明新能源 SUV 白车身结构符合设计要求。

3.2.2 白车身弯曲刚度分析

白车身的刚度是指它在受到外力作用时,所表现出的抵抗变形的能力。这个能力可以分为动态刚度和静态刚度。其中,静态刚度是白车身的一个非常重要的性能指标,因为它包括弯曲刚度和扭转刚度。这些刚度指标的大小会受到多种因素的影响,例如,白车身的材料物理性质、零部件之间的连接方式、汽车零部件的整体结构等。

汽车在行驶过程中同时具有弯曲和扭转特性,因此分析车身的刚度对于确保汽车机动性和安全性至关重要。在受到弯曲和扭转载荷的情况下,车身的变形量必须控制在规定的允许范围内。如果车身刚度不足,则会导致汽车出现各种各样的问题,如安全性不达标,车身变形过大等。因此,保证白车身的正常安装和运行,达到目标的弯扭刚度,是保证车辆稳定性和安全性的必要条件之一。

1. 白车身弯曲刚度计算方法

弯曲刚度是衡量汽车性能的重要指标之一,它反映了汽车在受到外力作用下的变形程度。弯曲刚度的大小可以用每个单位的变形量所对应的力来表示。在受到垂直力的影响时,弯曲刚度指的是汽车的纵向拉伸能力,而挠度则反映了这种拉伸能力的大小。因此,弯曲刚度越大,车身就越不容易发生过度变形,从而提高了车辆的稳定性和安全性。

根据材料力学原理,当车辆承受相同的拉伸应力时,它就像一个完整的梁一样,具有均匀分布的弯曲刚度。白车身弯曲刚度计算原理示意图如图 3.11 所示。

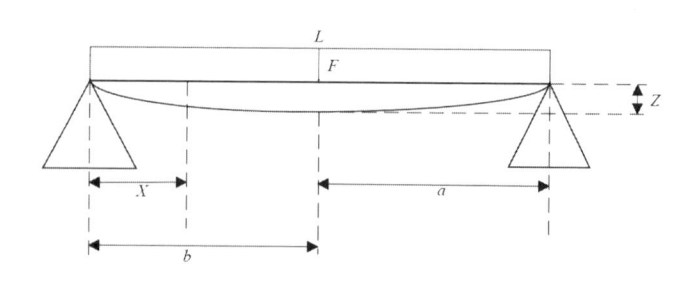

图 3.11 白车身弯曲刚度计算原理示意图

当 $X \leq b$ 时，白车身弯曲刚度 EI 为

$$EI = \frac{FaX - (L^2 - a^2 - X^2)}{6LZ} \tag{3.1}$$

当 $b < X \leq L$ 时，白车身的弯曲刚度 EI 为

$$EI = \frac{FaX\left[\dfrac{L}{a}(X-b)^2 - (L^2 - a^2)X - X^2\right]}{6LZ} \tag{3.2}$$

式中：EI 为白车身弯曲刚度，N/m^2；F 为施加的载荷，N；L 为前后悬架与车身连接点纵向距离，m；b、a 分别为前后悬架与车身连接点到施加载荷的距离，m；Z 为垂直方向弯曲挠度，m；X 为计算 Z 值点到前悬架与白车身连接点再到集中载荷的距离，m。

但在实际运算中，施加载荷的大小和方式通常不是均匀分布的，导致施加载荷的具体作用距离无法精确得出，所以使用上述公式来计算弯曲刚度值可能过于复杂。因此，一般情况下，可以通过将白车身在弯曲工况下的总载荷除以结构在弯曲工况下竖直方向最大的变形量来获得弯曲刚度值。即用车身载荷（F）和最大弯曲挠度（Z）的比例来估算车身结构的弯曲刚度。在此分析中，将白车身在弯曲工况下最大的变形情况作为评估标准，白车身弯曲刚度的计算公式为

$$EI = \frac{F}{Z} \tag{3.3}$$

式中：F 为最大载荷（集中力加载），N；Z 为白车身在竖直偏移方向上的变形，m；EI 为白车身的刚度，N/m。

2. 白车身弯曲刚度的约束施加

为了施加正确的边界条件，参照了白车身进行弯曲刚度试验的方法来进行约束。对所施加的边界条件进行了一定的简化处理，这样可以避免应力集中导致的局部变形量过大的情况。具体做法是约束了右后悬架与车身连接处 X、Y、Z（1，2，3）方向的平动自由度，左后悬架与车身连接处 X、Z（1，3）方向的平动自由度，右前悬架与车身连接处 Y、Z（2，3）方向的平动自由度，以及左前悬架与车身连接处 Z（3）

方向的平动自由度。为了保证弯曲刚度分析结果的精确性，对所有的转动自由度均不做约束。弯曲刚度具体约束位置如图 3.12 所示。

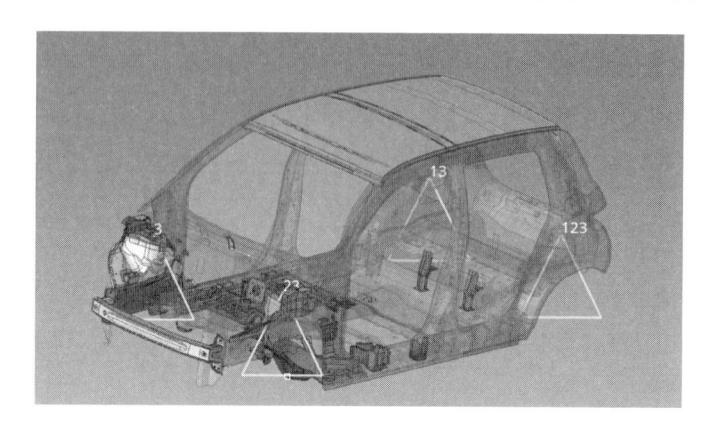

图 3.12　弯曲刚度具体约束位置

3. 白车身弯曲刚度的载荷施加

在进行白车身结构的承载仿真分析时，首先需要明确所需施加的载荷大小和位置。根据乘客实际乘坐情况，本章选择分别在 4 个座椅中心处施加 4 个垂直载荷，为了避免某个节点受力过大影响分析结果，又采用连接模拟方式将载荷均匀地分摊到不同位置的节点上。连接完成后，分别在 4 个座椅连接的中心处施加接近乘客自身重力大小的力，取 1000 N，以更加贴近实际使用情况。图 3.13 显示了白车身在弯曲工况下的边界条件设置情况。通过这些步骤，可以更准确地分析白车身结构在实际使用中的性能表现，进而为进行弯曲刚度仿真提供有力支持。

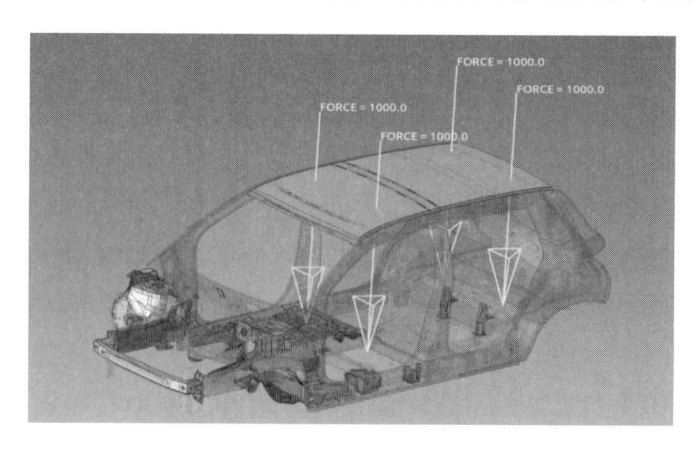

图 3.13　弯曲刚度加载位置及边界条件设置

4. 白车身弯曲刚度计算结果分析

经过 OptiStruct 求解器的计算，并在 HyperView 后处理软件中得到该模型的弯曲刚度位移云图，如图 3.14 所示。从图中可以看出，白车身各点的 Z 轴最大位移为 1.4 mm，主要集中在前地板中心。将这个最大位移 Z 值代入式（3.3）中进行计算，从而得出该款新能源 SUV 弯曲刚度大小为 2.857 E+6 N/m。首先，将这个仿真值与企业提供的该款白车身弯曲刚度目标值 2.8 E+6 N/m 相比较，发现仿真值高于目标值。接着，将这个仿真值与企业提供的该款白车身弯曲刚度试验值 2.954 E+6 N/m 相比较，仿真值与试验值的误差为 3.4%。以上结果表明，研究的新能源 SUV 白车身弯曲刚度大小符合设计要求。

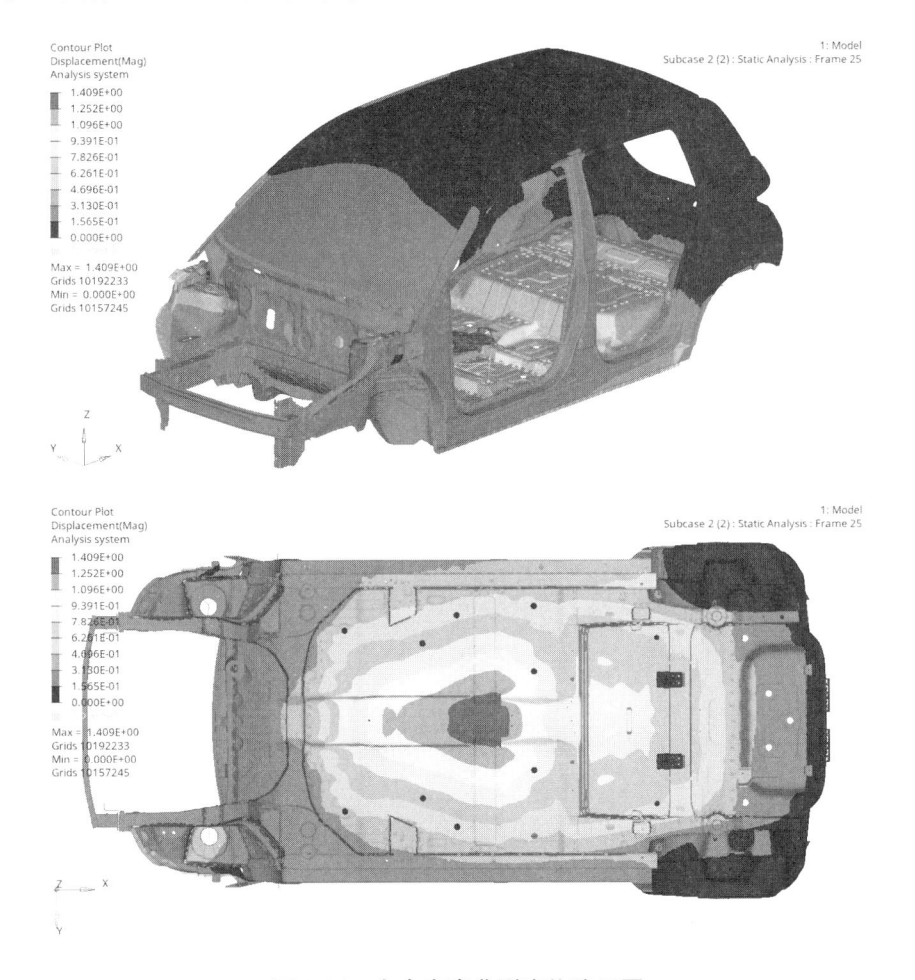

图 3.14　白车身弯曲刚度位移云图

3.2.3 白车身扭转刚度分析

1. 白车身扭转刚度计算方法

汽车在路面上行驶时，会受到来自不同方向的力，其中两轮竖直方向的力大小不一，会导致车身左右纵梁有不同程度的抬起，发生扭转变形。扭转刚度是指车身受到的扭矩与前后轴相对扭转角度的关系。扭转刚度不足会导致车身受到冲击后产生严重变形，造成玻璃破裂以及车门无法打开等情况。在进行白车身扭转刚度计算时，假设两个对角线处的轮胎处于悬空位置，当车速较低时，可以等效为静态载荷，进而可以利用静力学公式对白车身扭转的刚度进行计算，见式（3.4）。白车身扭转刚度计算原理示意图如图3.15所示。

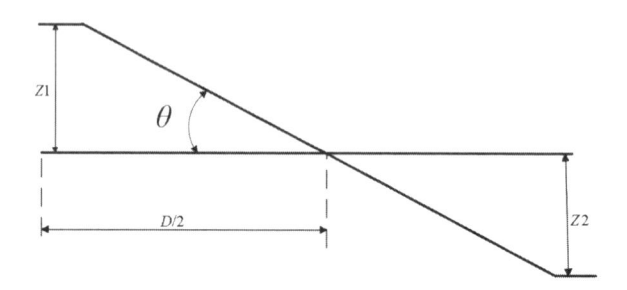

图 3.15 白车身扭转刚度计算原理示意图

$$GJ = \frac{FD}{\theta} \quad (3.4)$$

式中：F 为施加载荷，N；D 为整车轮距，计算时取左、右测量点的距离，mm；θ 为前、后轴相对扭转角，(°)。前、后轴相对扭转角 θ 的计算公式为

$$\theta = \arctan\left(\frac{Z_1 - Z_2}{D}\right) \quad (3.5)$$

式中：Z_1、Z_2 为左、右轴的相对变形量，mm；D 为整车轮距，计算时取左右测量点的距离，mm。

扭转刚度测量点分布如图3.16所示。通过对前纵梁、门槛梁、后纵梁布置对称的测量点来计算扭转角的大小。

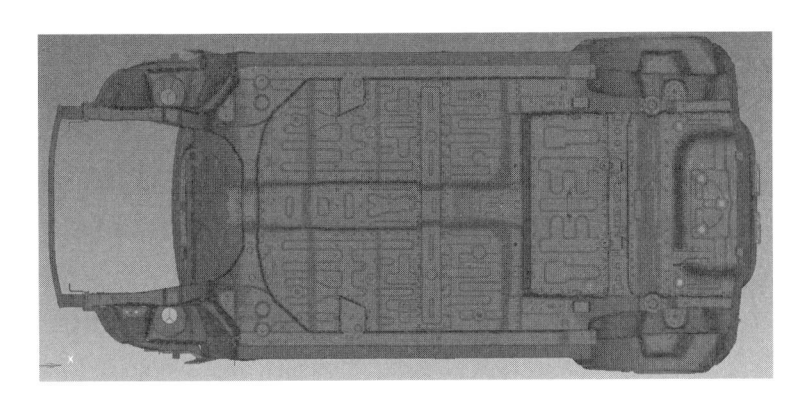

图 3.16 扭转刚度测量点分布

2. 白车身扭转刚度的约束施加

在进行白车身扭转刚度计算仿真时，需要为车身设置适当的约束和载荷。参考弯曲刚度的约束情况，并进行必要的调整。具体的约束设置如下：约束车身左、右后悬架与白车身连接点处 X、Y、Z（1，2，3）方向的平动自由度，约束白车身前地板最前端中心处 Z（3）的平动自由度，对所有约束位置的 X、Y、Z（1，2，3）方向的转动自由度不作约束。扭转刚度约束位置如图 3.17 所示。

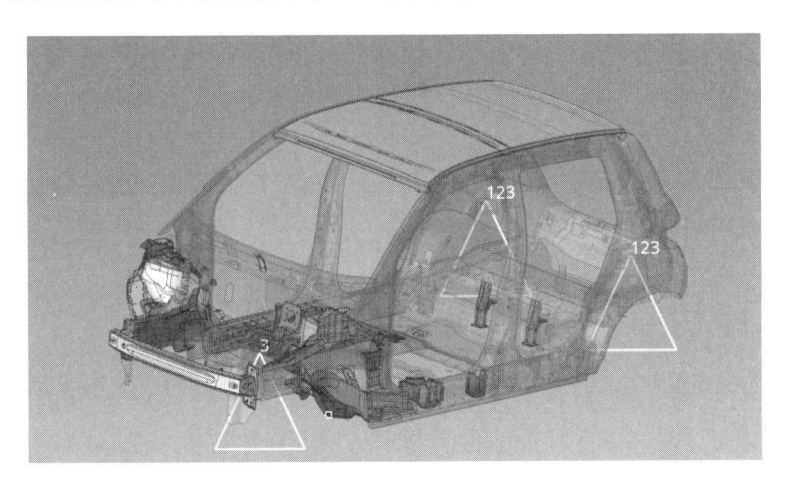

图 3.17 扭转刚度约束位置

3. 白车身扭转刚度的载荷施加

本次有限元仿真中，只进行了 2000 N/m 的逆时针转矩加载，载荷加载位置为前左、右悬架与车身连接点处，左侧沿 Z 轴正向，右侧沿

Z 轴负向。扭转工况具体加载位置如图 3.18 所示。载荷大小计算公式为

$$F = \frac{M}{D} \qquad (3.6)$$

式中：M 为扭转载荷，N/m；D 为左、右施力点距离，mm。其中 M 为 2000 N/m，D 为 1089 mm。代入式（3.6）计算可得，前左悬架与白车身连接处载荷大小为 1835.6 N，方向沿 Z 轴正向。前右悬架与白车身连接处载荷大小与前左悬架与白车身连接处载荷大小相等，但方向沿 Z 轴负向。

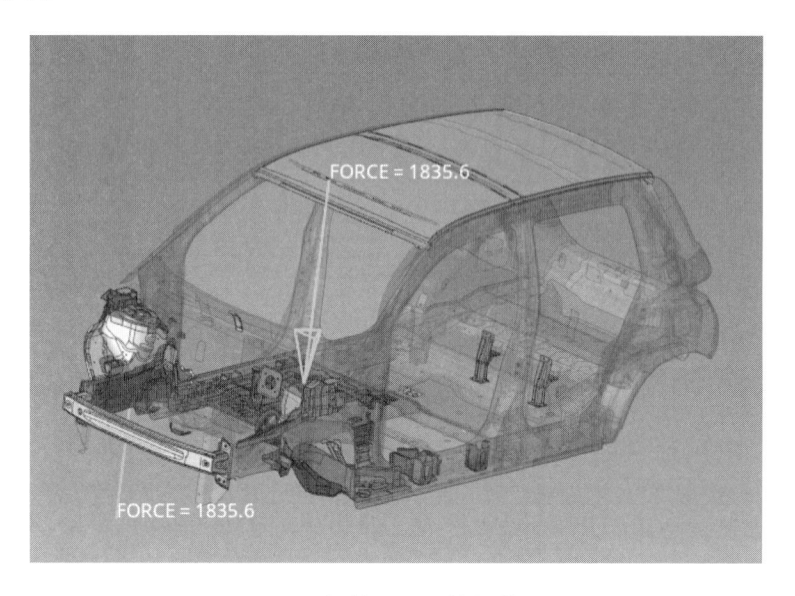

图 3.18 扭转工况具体加载位置

4. 白车身扭转刚度计算结果分析

将 OptiStruct 求解器处理计算的结果在后处理软件 HyperView 中打开，读取 Z 轴方向位移云图数据可以得到各测量点的位移情况，如图 3.19 所示。图 3.20 展示了各测量点 Z 轴方向变形量与测量点距离之间的关系。从图 3.19 和图 3.20 中可以看出，白车身的竖直方向变形量大小接近一致，变形量较大的位置出现在白车身前翼子板的位置。

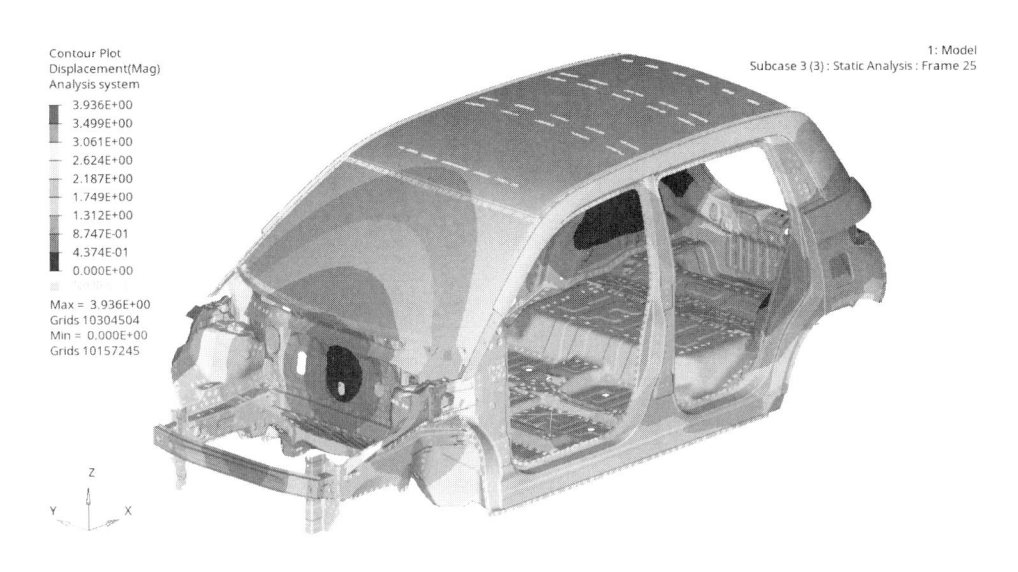

图 3.19 扭转刚度 Z 轴方向位移云图

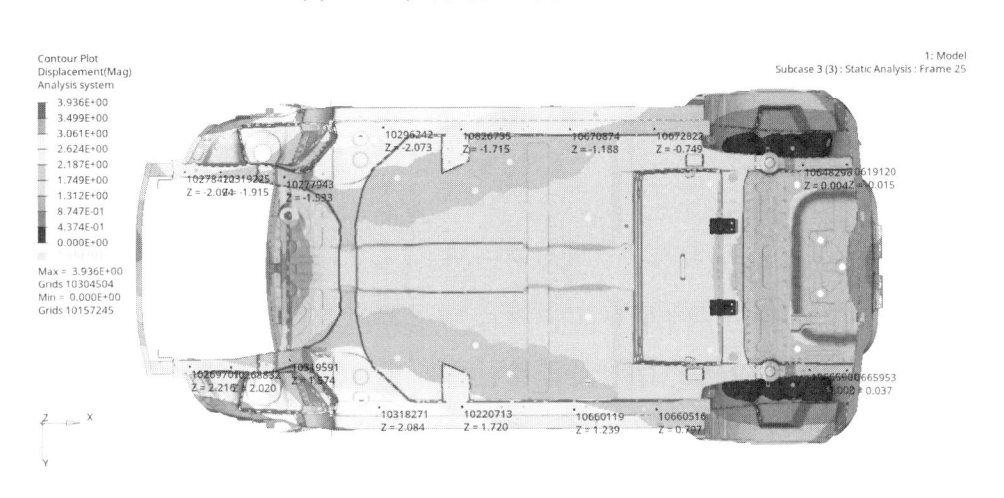

图 3.20 扭转刚度 Z 轴方向位移测量点数据云图

通过式（3.5）和表 3.4 可计算出前后轴相对扭转角大小为 0.193°，再通过式（3.4）可以得出扭转刚度计算结果为 10362.694（Nm/°）。首先，将仿真值与企业提供的该款白车身扭转刚度目标值 10000（Nm/°）相比较，仿真值高于目标值。接着，将仿真值与企业提供的该款白车身扭转刚度试验值 10128.775（Nm/°）相比较，仿真值与试验值误差为 2.3%。以上结果表明，研究的新能源 SUV 白车身扭转刚度符合设计要求。

表 3.4　扭转工况各测量点 Z 轴方向变形量

测量点对编号	左测量点 Z 轴方向位移 /mm	右测量点 Z 轴方向位移 /mm	左、右测量点相对位移 /mm	扭转角 /(°)
1	2.21	−2.09	4.30	0.192
2	2.02	−1.915	3.935	0.184
3	1.574	−1.533	3.107	0.171
4	2.084	−2.073	4.157	0.166
5	1.720	−1.715	3.435	0.137
6	1.239	−1.188	2.427	0.097
7	0.797	−0.749	1.546	0.063
8	0.002	0.004	0.002	−0.001
9	0.037	−0.015	0.052	0.003

3.3　本章小结

本章首先建立了白车身的三维模型，并对其进行了网格划分，建立可以进行仿真分析的有限元理论模型，重点介绍了白车身钣金件的几何处理方式、有限元网格的特征划分方法和网格质量标准。对划分出的钣金件网格做好连接处理后，进行了材料和属性的赋予，最终完成了白车身网格模型的建立。同时，本章详细阐述了白车身弯曲刚度和扭转刚度的理论基础、计算方法，以及施加力的位置、大小和约束设置等方面的内容。接着，利用有限元分析方法对新能源 SUV 的白车身进行了模态振型、静态弯曲和扭转刚度分析。结果表明，该款白车身一阶弯曲和扭转模态振型符合目标设计要求。同时，将该车身的弯曲刚度和扭转刚度与企业提供的试验数值相比较，弯扭刚度的参数误差都在合理的范围内，这验证了本次仿真中白车身有限元模型的合理性。

第 4 章　车门结构设计与分析

4.1　某新能源 SUV 车门有限元模型的建立

4.1.1　新能源 SUV 车门结构

车门是汽车的重要组成部分，在汽车结构中发挥着不可替代的作用。车门不仅为乘客提供了与外部环境的通道，更是确保车内乘客安全与舒适的关键所在。车门结构主要由内板、外板以及各类强化板构成，其他辅助部件包括门窗框架、铰链等，共同构建起整体架构。

车门总成的部件很多，其制造要求极为严格。车门的制造工艺是一个综合性的系统工程，在车身的众多零部件中，车门总成的生产工艺显得尤为烦琐复杂。作为车身的重要组成部分，车门总成的制造过程包括冲压、辊压、焊接、涂胶、包边以及装配等多个关键工序。这些工序共同保证了车门总成的结构强度、密封性和外观质量，满足了汽车的安全、舒适、美观等需求。

车门组件承担着密封、承重和作为进出车内通道的多重作用。其外观品质不仅关系到整车视觉效果，更对用户的驾驶体验有着直接影响。车门组件的制造精度对整车的品质和性能有着重大影响。

在制造过程中，车门总成需要经过精密的冲压和辊压工艺，以确保其结构形状的准确性和稳定性。焊接工艺则用于连接各个部件，形成坚固的整体结构。涂胶和包边工艺则有助于提高车门的密封性和耐久性。最后，装配工序将车门总成与车身其他部分进行精确对接，确保整车的完整性和功能性。

车门总成不仅需要具备支撑众多功能件以及抵抗侧面撞击的能力，以保证乘客的安全，还需要满足严格的外观品质标准。在车门调试过程中，对表面精度的精确控制和间隙公差的保障成为一项重要任务。

若汽车制造厂家要提高车门总成的整体性能和制造质量，就需要采用科学合理的方法和技术手段进行结构优化设计。这包括但不限于利用先进的模拟分析技术预测和优化车门组件的性能，以及利用先进的制造工艺和设备提高生产效率与产品质量。

汽车制造商通过不断优化车门总成的结构设计和制造工艺，提高整车安全性、舒适性和美观性，进而提升产品的市场竞争力。同时，这也将有助于推动汽车制造业的持续发展和技术进步。

4.1.2　车门网格模型建立

在构建车门有限元模型的过程中，为了确保其合格与高效，本书使用 HyperMesh 软件来构建本书所必需的模型。作为一款广受欢迎的分析软件前处理工具，HyperMesh 具备强大的分析能力，备受业内人士的青睐。其显著特点在于其卓越的有限元网格划分功能，以及与多种 CAD 系统和有限元求解器的顺畅数据交换能力。在处理几何模型和有限元网格时，HyperMesh 展现出了卓越的速度、适应性和灵活性，可根据用户需要进行定制。HyperMesh 凭借其出色的几何处理能力，能够迅速读取并处理复杂的几何结构模型，极大地提升了工作效率。值得一提的是，HyperMesh 所采用的单位体系为 T-s-mm-N，为使用者提供了标准的计量单位。车门网格模型的构建流程如图 4.1 所示。

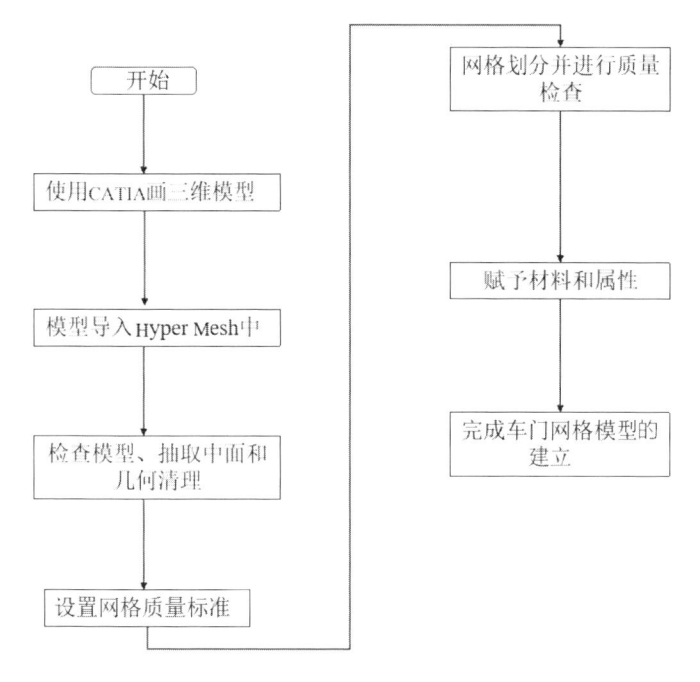

```
          开始
            │
            ▼
    使用CATIA画三维模型
            │
            ▼
    模型导入HyperMesh中
            │
            ▼
    检查模型、抽取中面和
         几何清理
            │
            ▼
      设置网格质量标准
            │
            ▼
    网格划分并进行质量
           检查
            │
            ▼
       赋予材料和属性
            │
            ▼
    完成车门网格模型的
           建立
```

图 4.1　车门网格模型的构建流程

1. 几何模型导入和修复

根据相关企业所发布的具体数据，在 CATIA 软件中精心构建车门的三维模型，该模型如图 4.2 所示。为了进行深入的有限元分析，将该三维模型导入 HyperMesh 软件中，以进行精细的有限元网格划分。然而，由于 CAD 软件与 HyperMesh 的目标和应用场景存在差异，导入过程中可能会出现几何面损坏的情况。为了解决这一问题，需要进行几何修复工作，即修复那些损坏的几何面，使它们恢复到在 CAD 软件中的原始状态。

在几何修复过程中，通常会遇到三种常见的错误：相邻曲面未连接、曲面重复以及曲面缺失。为了确保后续步骤的顺利进行，必须仔细检查和修复这些错误。修复工作完成后，将进行 Mid-Surface 的抽取，这一步骤对于确保有限元分析的准确性和可靠性至关重要。通过这一系列的预处理工作，才能确保接下来的有限元分析步骤可以正常、顺利地进行。

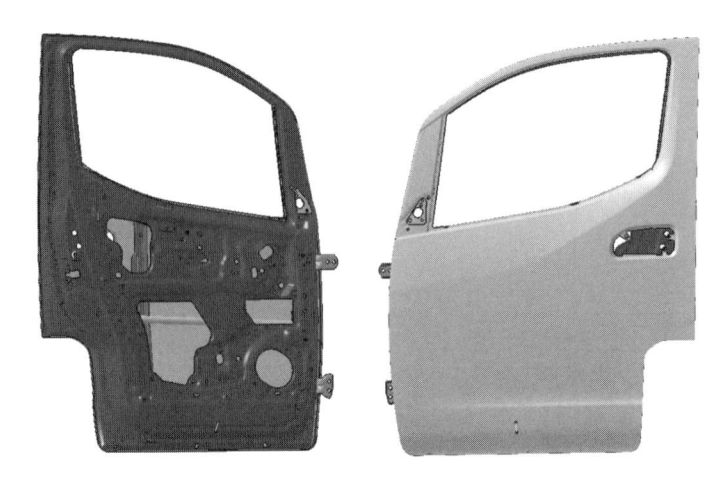

图 4.2 车门的几何模型

2. 车门几何清理与简化

在划分网格之前，需要对模型进行几何清理。这是由于设计时的曲面结构建模可能存在缝隙、重叠、穿孔等缺陷，这些缺陷会导致网格单元扭曲，降低网格质量，最终影响有限元分析结果的精确性[24]。在 HyperMesh 中对汽车车门模型进行几何清理，是一种以提高计算效率为目的，在不影响计算精度的情况下对几何模型进行合理简化的过程。由于原始模型可能存在一些缺陷，难以直接满足分析的准确性要求，因此需要进行一系列优化措施以改善其网格划分的质量。

通常几何清理分为以下几类。

（1）删除冗余部分：删除模型中不必要的部分，如重复的曲面、不需要的孔洞等。

（2）修复自由边：修复模型中的自由边，确保所有边都是共享的或闭合的。使用 HyperMesh 的 EdgesToggle 功能，可以将单个的边从一种类型转化成另一种类型，如将自由边转换为共享边。

（3）合并自由边：使用 Replace 或 Equivalence 功能合并自由边。这有助于减少模型中的边数，并使其更易于处理。

（4）修复共享边：对于两点之间的距离小于网格尺寸的共享边，可以使用 Toggle 功能进行修复，以避免影响网格的质量。

（5）移动和合并曲面：使用 MoveFaces 功能移动曲面到另一个曲

面,或者合并多个曲面。

简化模型包括以下几点。

(1)删除小特征:删除模型中非常小或不必要的特征,如小的圆角、倒角等。这有助于减少模型的复杂性并加快处理速度。

(2)简化曲面:对于复杂的曲面,可以使用 HyperMesh 的简化工具进行简化。这可以通过减少曲面的控制点数量或降低曲面的阶数来实现。

(3)优化网格:在网格划分之前,可以对模型进行优化,以减少网格的数量并提高网格的质量。例如,可以使用 HyperMesh 的网格优化工具来删除不必要的网格或合并相邻的网格。

3. 车门的网格划分

车门外板一般是由 0.6~0.8 mm 的薄钢板整体冲压成型,车门内板由 1~2 mm 的钢板冲压制成。车门内板、外板、防撞梁都是薄壁件,因此可以使用 Shell 单元对车门进行网格划分。车门钣金件划分出的网格如图 4.3 所示。网格单元总数为 125911 个,网格节点总数为 122999 个。

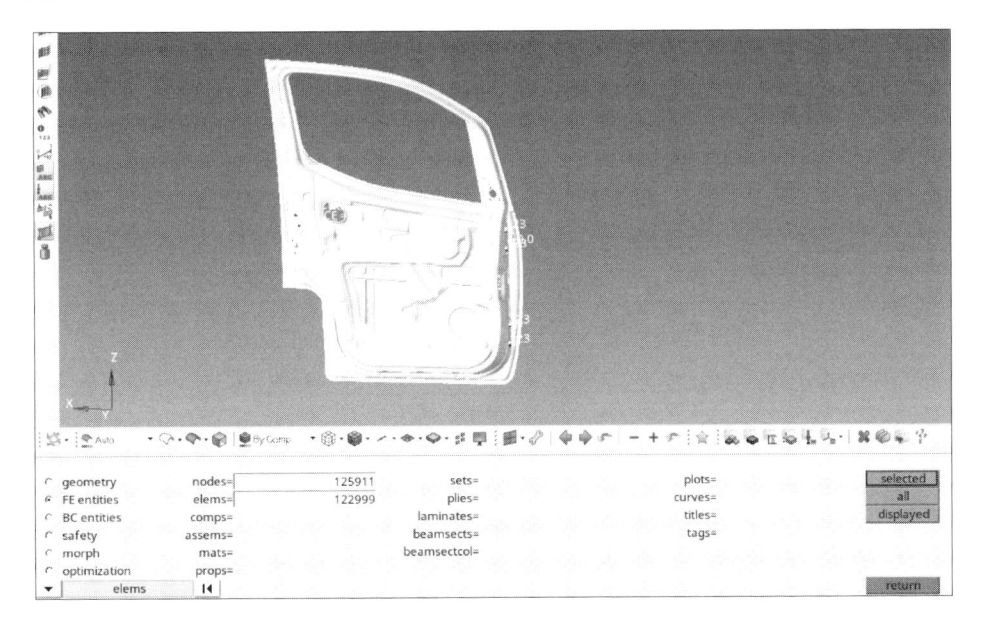

图 4.3 车门钣金件划分出的网格

4. 网格质量检查

在有限元分析中,对网格质量的严格把控至关重要,必须确保网格满足既定的质量标准（表4.1）。网格质量在这里基本上是指网格几何结构的合理性。网格分布的质量直接关系到计算结果的准确性。如果网格质量太差，还可能在计算过程中产生干扰。评估网格的质量的指标很多，包括边缘比、雅可比行列式、内角大小、最小边长、扭转程度、锥度等。直观地说，当网格的每个部分的长度和内部角度没有太大差异，网格两侧没有太多失真，并且外围节点接近端点时，网格质量可以被认为是较高的。在分析的关键区域，应尽可能确保建立网格质量，避免出现畸形网格。因为即使畸形网格的数量较少，看似不会造成危害，但实际上它可能会导致严重的局部错误。

表 4.1 网格质量标准

质量控制类型	要 求
单元翘曲度	不大于 15°
单元长宽比	小于 5 : 1
雅可比	大于 0.6
最小四边形内角	大于 45°
最大四边形内角	小于 130°
最小三角形内角	大于 30°
最大三角形内角	小于 100°
单元扭转角	小于 40°
三角形占全部单元比例	小于 5%

5. 赋予材料和属性

车门内板和外板的钣金件的材料均为钢材。按照钢材的模板附上材料属性，一般包括弹性模量、密度、泊松比，车门零部件材料属性见表4.2。

表 4.2 车门零部件材料属性

材 料	弹性模量 /MPa	密度 /(kg/m^3)	泊松比
钢	2.1×10^5	7.85×10^3	0.3

6. 连接设计

车门有限元模型由几个部分组成，需要在这些部分之间建立适当的连接以形成完美的车门结构。焊接是连接车门不同部件的常用方法，而在有限元模型中，焊接连接应通过 ACM 单元进行模拟。ACM 单元可以模拟从双层焊点到多层焊点的不同焊接情况。双层焊接接头用于模拟金属板两个部分之间的连接，而多层焊点则用于模拟多块金属片的连接。在车门有限元分析模型中，基本单元尺寸为 10mm，板壳部分基本采用壳单元 Shell 进行模拟，焊点采用 B31 单元模拟，焊缝采用 RBE2 单元模拟[86]。

4.2 某新能源 SUV 车门的模态和刚度分析

4.2.1 车门的模态分析

车门的模态分析是汽车设计和制造中的一项关键技术。通过振动测试和分析，它深入揭示了车门在不同频率下的振动模态及其特性。这种分析在多个方面为车门的设计和优化提供了宝贵的参考，对于提升汽车整体品质具有至关重要的作用。汽车车门的模态刚度是汽车开发过程中的基础性能之一，也是 CAE 仿真分析的重要指标之一[87]。

车门模态分析为优化结构设计提供了强有力的支撑。工程师可以借此了解车门固有的频率和振动模式，从而预先发现潜在的共振问题或设计缺陷，并加以解决。通过对这些数据的深入分析，可以针对性地优化车门结构，改善其振动特性，进而降低噪声和振动，改善车门的质量和乘坐舒适性。

车门模态分析在噪声控制中也起着同样重要的作用。在行驶过程中，车门可能会受到发动机、路面和风等多种因素引起的振动，从而产生响声。通过模态分析，工程师可以精确识别车门的主要振动模态及其频率，从而有针对性地设计隔音减震措施，有效减少噪声传递，提升车内静音性能，为乘客创造更加安静的乘车环境。

车门模态分析也为选材提供了重要依据。在车门设计上，选择合适的材料对提高车门的性能和质量是必不可少的。模态分析能够帮助工程师评估车门结构中不同材料的性能表现，包括刚性、阻尼、质量等因素。通过模拟不同材料的振动响应，能够更加准确地预测车门的实际表现，从而选择最佳的材料组合，提升车门的强度和耐久性。

车门模态分析在碰撞安全性上同样具有重要的应用价值。通过模拟碰撞时的振动反应，深入了解碰撞事故中车门的变形情况和受力分布情况，以便发现安全隐患并加以改进。这样的分析有助于增强车门的碰撞安全性能，对车内乘员的生命安全起到保护作用。

车门模态分析在汽车工程领域占有不可缺少的地位。它不仅能够为车门设计和优化提供强有力的支持，而且在噪声控制、选材以及碰撞安全等方面也有着不可忽视的作用。通过充分利用这一技术手段，可以不断提高汽车的整体性能和品质，为乘坐者营造更为安全、舒适、可靠的乘车体验。

1. 模态分析理论

模态分析法是一种动力分析结构的方法，用于研究振动过程中物体的固定频率和振动形式。在工程领域中，通常使用模态分析来评价和优化结构的振动特性，以确保在振动环境中，结构的表现符合设计要求。

2. 模态结果分析

为了分析车门的低阶模态特性，本书使用 HyperMesh 软件进行模态分析。将处理好的模型导入 OptiSruct 求解器进行计算。根据 HyperView 软件进行后处理结果分析[88]。正常来说，低于 1Hz 的模态是 6 个基础自由度的模态振型，因此从 1Hz 开始计算起始模态频率，并提取前 6 阶的模态分析结果进行分析。图 4.4 显示了某新能源 SUV 车门前 6 阶模态振型云图；表 4.3 描述了某新能源 SUV 车门前 6 阶模态振型的频率大小和特征。

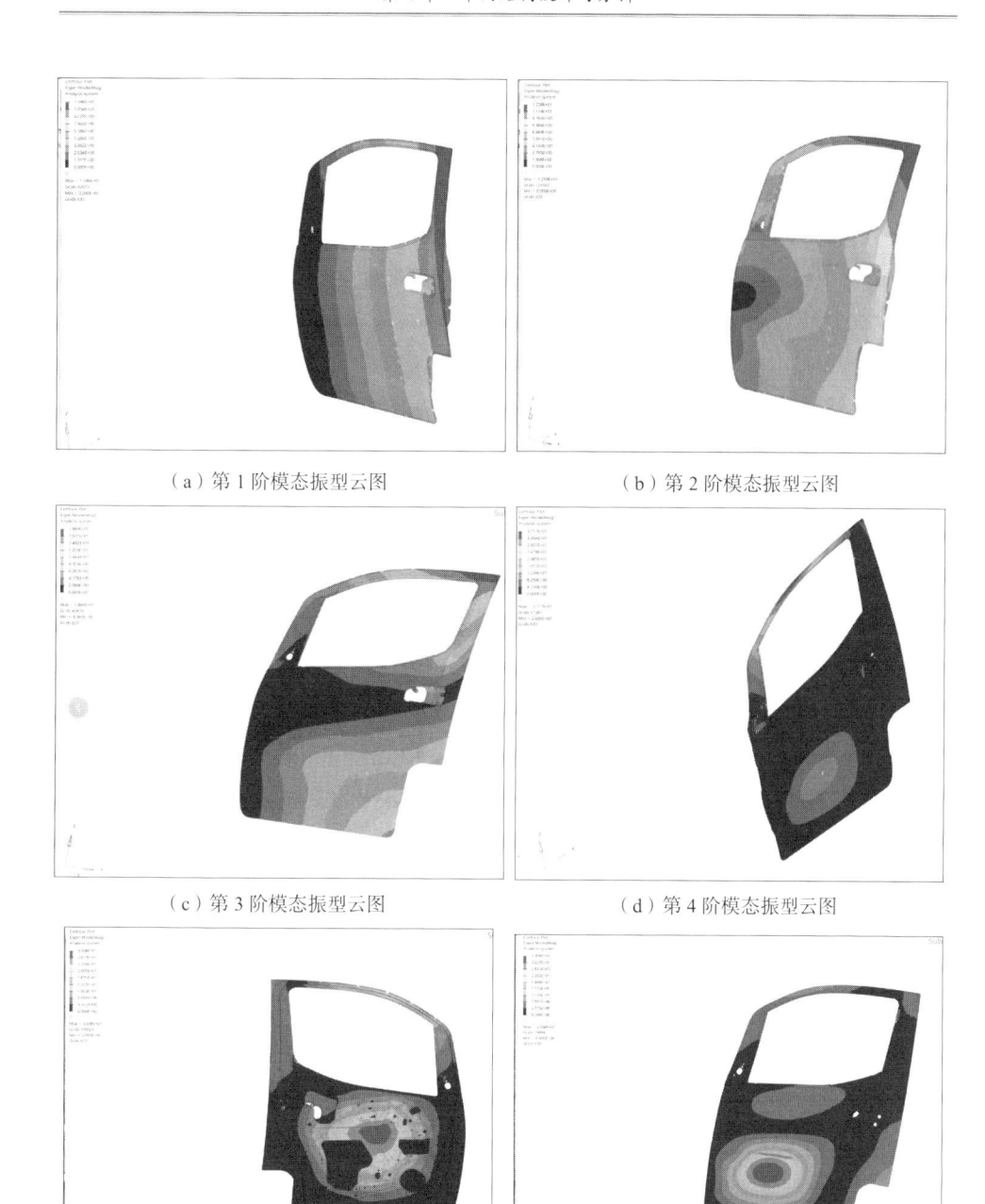

(a)第 1 阶模态振型云图　　　　　　　(b)第 2 阶模态振型云图

(c)第 3 阶模态振型云图　　　　　　　(d)第 4 阶模态振型云图

(e)第 5 阶模态振型云图　　　　　　　(f)第 6 阶模态振型云图

图 4.4　某新能源 SUV 车门前 6 阶模态振型云图

表 4.3 某新能源 SUV 车门前 6 阶模态振型的频率大小和特征

阶 数	频率 /Hz	模态振型描述
1	33.8	外板局部模态
2	44.8	整体一阶扭转模态
3	45.7	整体二阶扭转模态
4	49.8	外板呼吸模态
5	57.5	内板呼吸模态
6	60.3	外板呼吸模态

通常汽车车门的激励主要来自两个方面：一方面是在汽车行驶时，由路面经轮胎、车架传递到驾驶室的随机振动；另一方面是发动机的振动经发动机悬置、车架传递到车门，它是由活塞往复运动引起的惯性力产生的简谐激励，频率范围较宽。据有关资料显示，在普通道路条件下，车辆在车速不高于 150 km/h 的情况下，地面上传来的激励频率均小于 20 Hz。因此，为了确保汽车行驶的稳定性，车门的第 1 阶自然频率应当设定在 20 Hz 以上。在汽车的行驶过程中，可能会有以下"巧合"的情况产生：由于触发一阶的弯扭和扭曲模态的振动，从而导致出现共振现象。为了防止此类问题出现，车门的设计中对一阶固有频率的设置应当确保超过 20 Hz 的阈值。值得注意的是，本书中提到的一阶扭转和弯曲模态的频率数据，分别是 44.8 Hz 和 45.7 Hz，这两个数值都明显高于路面激励源可能产生的频率数据，即 20 Hz。这一结果有力地证明了新能源 SUV 的车门结构设计满足了既定的安全标准与设计要求。

4.2.2 车门扭转刚度分析

车门扭转刚度是衡量车身结构强度的重要指标之一，它直接关系到车辆在行驶过程中的稳定性、安全性以及乘客的舒适性。车门扭转刚度反映了车门结构的刚性和稳定性。如果扭转刚度较低，那么在行驶过程中，尤其是在颠簸路面上，车门可能会发生较大的变形，影响车辆的稳定性和乘客的舒适性。此外，车门扭转刚度还直接关系到车辆的碰撞安全性，如果扭转刚度不足，则在碰撞事故中可能无法提供足够的保护。因此，对车门扭转刚度进行准确的分析和评估，对于汽车设计和制造具有重要意义。车门刚度包括扭转刚度和下垂刚度，利用相关模型对车门扭转刚度和下垂刚度进行计算及分析[89]。车门扭转刚度计算公式为

$$K=\frac{F}{\delta} \quad (4.1)$$

式中：F 为施加的力；δ 为车门观察点的变形量。

1. 车门扭转刚度分析工况

由此可以看出，该指标对评价车门的总体抗扭性能具有重要作用。这一指标与门的密封性密切相关，是衡量汽车门性能的一个主要指标。若该指数较小，则对关门时的密封性影响较大，可能出现灰尘渗透、水分渗入等一系列问题。为了更精确地评估车门的抗扭转能力，需要关注两种主要的工况刚度：上扭刚度和下扭刚度。这两种工况的刚度计算涉及具体的载荷和约束条件，其详细参数在图4.5和图4.6中得到了清晰的展示。通过这些图示，可以明确知道在何种载荷和约束条件下，车门需要保持足够的刚度，以确保其关闭时的密封性能。

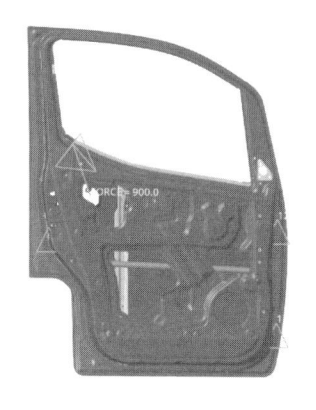

图4.5 车门载荷施加情况　　图4.6 车门约束情况

设定了特定的约束条件来模拟实际的工作状况。具体来说，约束位置设定在车身侧铰链处，这里采用了孔约束的方法。这种约束方法限制了车门在多个方向上的自由度，确保分析结果的准确性。具体约

束的方向包括：X向平动、Y向平动和Z向平动，这意味着车门在3个平移方向上都被固定，无法产生任何移动。同时，还限制了X向转动、Y向转动以及Z向转动，即车门在3个旋转方向上也受到约束，不能发生任何旋转。此外，在锁芯所在的位置也施加了约束。这里的约束方向同样是X向平动、Y向平动和Z向平动，以确保锁芯在关闭时能够保持稳定，不会产生不必要的移动[90]。下扭工况是在车门下角的密封面施加均布900 N的力，方向为Y向，由门内侧指向门外侧；上扭工况则是在锁侧密封面施加均布900 N的力，方向为Y向，由门内侧指向门外侧。

2. 车门扭转刚度结果分析

将OptiStruct求解器计算得出的结果导入后处理软件HyperView中进行查看，能够在其中加载并解读Z向位移的云图数据，以此来获取各个测量点的位移详情。如图4.7和图4.8所示，这些图清晰地揭示了测量点Z向的变形量与其位置距离之间的关联性。

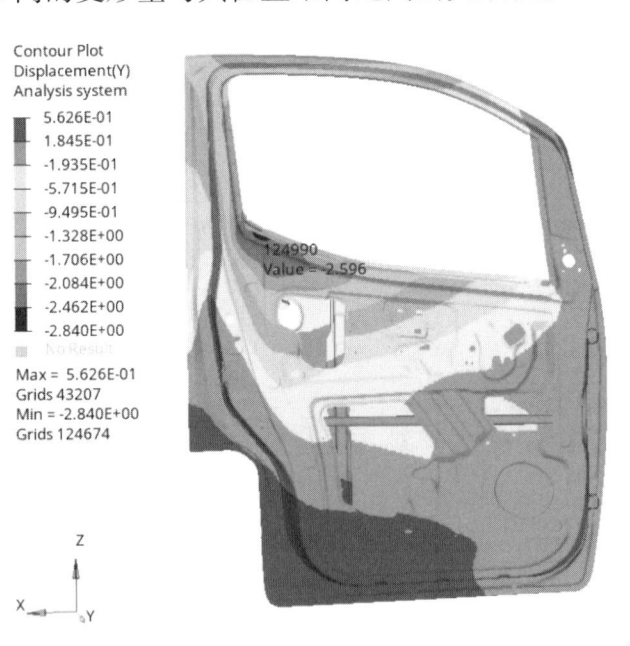

图4.7 上扭转刚度位移云图

由图4.7可知，车门上角处显现了扭转状态下的最大位移量，特别是在加载点位置，其位移量精确测量为2.6 mm。对比企业设定的技术要求，车门加载点的最大位移量上限为 10 mm，因此，当前的车门在扭转刚度方面完全满足了设计需求，显示出了良好的稳定性和结构性能。

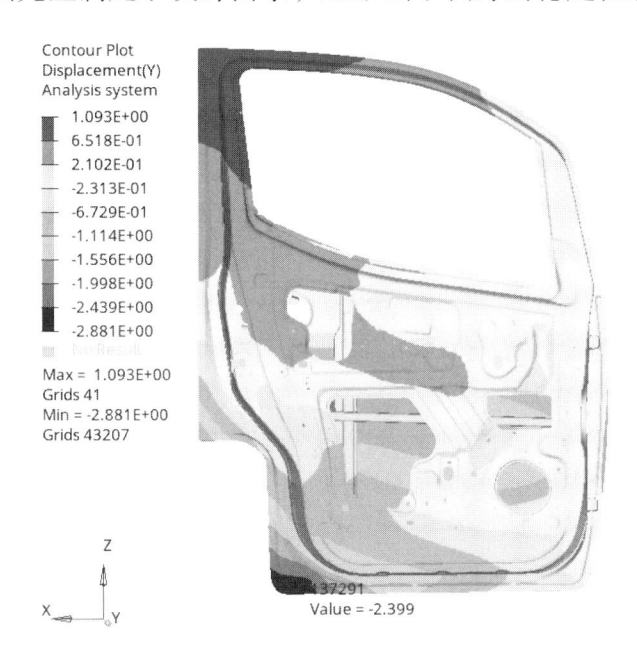

图 4.8　下扭转刚度位移图

由图 4.8 可知，车门下角处是车门下扭转时最大位移量的出现位置，具体来说，加载点位置的位移量为 2.4 mm。对比企业的技术要求，加载点的最大位移量需控制在 7 mm 以内，因此，车门在下扭转刚度方面同样达到了设计标准，显示出了足够的刚性和稳定性。

总之，车门的上扭转和下扭转都符合要求，以此证明该新能源 SUV 车门扭转刚度符合设计要求。

4.2.3　车门下垂刚度分析

车门下垂刚度是衡量车门在垂直方向上抵抗变形能力的重要参数，它直接关系到车辆的安全性、舒适性以及美观性。在汽车设计与制造过程中，对车门下垂刚度的精确分析与评估显得尤为重要，这有助于识别潜在的结构弱点，并指导后续的优化设计。

车门下垂刚度的研究对于车辆整体性能具有重要意义，直接影响车辆安全性能的发挥。在碰撞事故中,车门的变形程度与乘员的保护程度有直接关系。如果车门下垂刚度过低,在碰撞时可能导致过度变形,从而无法有效吸收和分散撞击力,增加乘员受伤的概率。通过对车门下垂刚度的研究,可以了解车辆在碰撞中的被动安全性能。

1. 车门下垂刚度分析工况

在进行模拟分析时,在车身侧铰链位置施加约束,以确保其稳定性和准确性。此处采用了孔约束的方法,以实现对特定位置的严格固定。具体来说,该约束限制了在 X、Y、Z 3 个方向上的平动,即阻止了物体在这 3 个方向上的直线移动。同时,也限制了 X、Y、Z 3 个方向上的转动,即防止了物体绕这 3 个轴线的旋转。此外,在锁芯部位,特别增加了一项约束,以控制 Y 方向上的平动,这是为了确保锁芯在受力或测试过程中不会发生不必要的 Y 向移动,从而保证整个系统的稳定性和测试结果的准确性。

在锁芯上施加一个集中力,以模拟实际使用中的受力情况。这个集中力的方向是沿着 Z 轴,即垂直于地面或车身平面的方向,而力的大小被设定为 800 N。这样的载荷设置是为了测试车门在受到特定方向、特定大小的力作用下的响应和性能,从而评估其结构强度、稳定性和安全性。

评价指标:具体指标为加载点在 Z 轴方向位移的绝对值大小。

计算车门下垂刚度具体的约束和载荷示意图如图 4.9 所示。

图 4.9　下垂刚度具体的约束和载荷示意图

2. 车门下垂刚度结果分析

当 OptiStruct 求解器完成计算后，将结果导入后处理软件 HyperView 中进行详细分析。在 HyperView 中，特别关注了加载点在 Z 轴方向的位移情况，并读取了其在 Z 轴方向位移的绝对值大小。图 4.10 以云图的形式直观地展示了测量的加载点在 Z 轴方向的位移分布情况，能够清晰地了解加载点在不同区域的位移量。

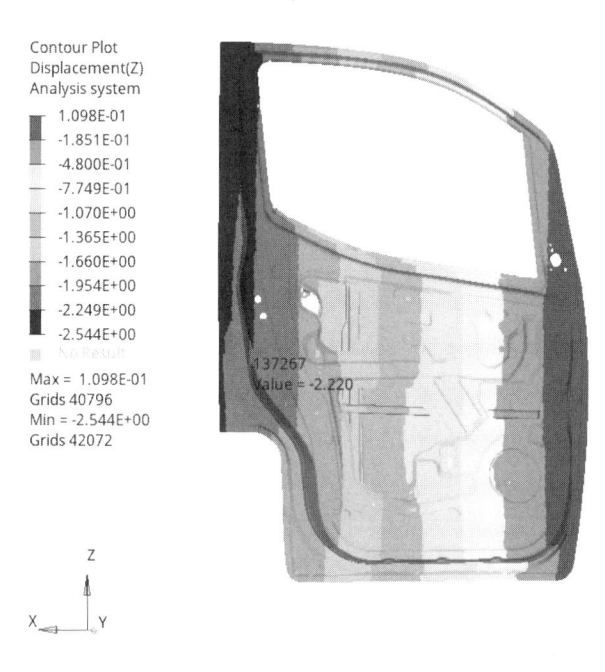

图 4.10 下垂刚度的位移云图

由图 4.10 可知，车门在测试其下垂刚度时，最大位移量出现在车门左侧的特定位置。特别是关注到门锁加载点位置的位移量，经过精确测量，其大小为 2.2 mm。对比企业的技术要求，此加载点的最大位移量需控制在 4.5 mm 以内。因此，根据这一分析，可以确认车门的下垂刚度满足并达到了企业的标准，显示出了良好的结构强度和稳定性。

4.3 本章小结

本章首先对车门进行了三维建模及有限元网格划分，构建了用于模拟和分析车门模态和刚度的有限元理论模型。其次对车门进行了材料赋予，以及把车门部件连接起来，便于进行仿真分析。另外，对车门进行了模态振型、扭转和下垂刚度分析。仿真分析结果表明，该款新能源 SUV 车门的一阶弯曲和扭转模态振型均符合预先设定的设计要求。

第 5 章 引擎罩结构设计与分析

5.1 引擎罩有限元模型建立

5.1.1 引擎罩几何模型导入

引擎罩的 CAD 模型在导入 HyperMesh 时，一般选择以 STP 文件的形式导入。因此，在 CAD 建模完毕后，导出以 STP 形式的文件。但在导入 HyperMesh 后，几何模型可能出现裂缝、悬挂或者有明显几何错误的几何部件。所以，导入模型后需要对模型进行修复，以确保后续几何清理和网格划分的顺利进行。

5.1.2 引擎罩有限元模型

引擎罩主要由外板、内板以及内外板支架构成。引擎罩内外板通过包边的方式连接在一起，内外板与加强板之间主要依靠点焊和涂胶等方式连接在一起。引擎罩与车身之间通过铰链连接。本书选取的引擎罩的几何部件的厚度为 0.8 mm，选取冷轧钢板 ST14 为引擎罩的板材材料。引擎罩有限元模型如图 5.1 所示。

ST14 钢（冷轧钢板）材料参数见表 5.1。其中，E 为弹性模量，σ_B 为抗拉强度，σ_s 为屈服强度，RHO 为密度，v 为泊松比。

表 5.1 ST14 钢材料参数

E/GPa	σ_B/MPa	σ_s/MPa	RHO/(g/cm³)	v
210	490	275	7.85	0.3

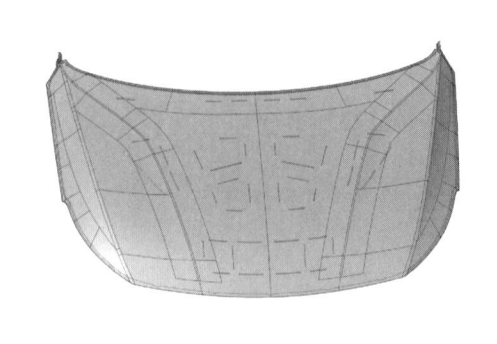

图 5.1　引擎罩有限元模型

5.1.3　引擎罩网格划分

在有限元网格划分的步骤中，首先对 CAD 模型进行几何处理，以保证在网格划分时得到高质量且物理意义明确的网格。几何清理可以去除 CAD 模型中无关紧要的信息，比如面积较小的区域、悬空面和复杂几何形状的面等，这能够在划分网格时消除大部分错误，提高网格质量。此外，几何处理还能减少网格密度，从而简化模型的复杂程度，使后续求解计算的结果更为准确和高效。因此，几何处理在进行网格划分的过程中显得尤为重要。

在使用 HyperMesh 进行几何清理时，BY TOPO 模式能够提供极大的帮助。软件会自动帮助我们查找几何错误的线或面。其中，绿色线条代表 2 条曲线叠加的公共边；红色线条代表 2 条曲线叠加的自由边，如果在几何模型的边界处未出现自由边，则很可能这里的几何没有处理到位；黄色线条代表 3 条曲线叠加的 T 型交接边界。

一般来说，几何清理主要从以下几个方面进行。

（1）模型的检查和修复：对几何模型进行基本检查，修剪模型重叠的表面等几何缺陷，以及修复模型中缺失的表面。

（2）模型表面间的线处理：根据钣金件的网格划分尺寸要求，修理尺寸较小的线、消除几何模型的自由边和 T 型边。

（3）简化几何：通过减小几何复杂程度的方法来处理几何模型，使后续网格质量得到提升。

有限元网格划分是整个有限元分析中最重要的环节，所花费的时间也是最多的。网格的数量和质量都对后续的计算效率和计算结果的准确性有着重要影响。因此，在进行有限元网格划分时要遵循以下几个原则：网格划分必须合理，且能够准确映射几何模型的形状和特征；避免重复的网格；避免重复的节点；保持单元形状良好；网格应该稳定，不易发生形变而失稳和变形。

引擎罩是一种典型的薄板结构。在进行网格划分时，也要按照汽车行业的有限元分析标准进行。在经过认真的几何清理后，引擎罩模型已达到可以进行网格划分的标准。划分网格时主要有两种方法：第一种是可以选择整体划分网格，让软件自动完成整个模型的网格划分，再查找错误进行局部修改；第二种是将模型划分为不同的区域，每个区域单独划分网格，再进行修改。本书主要采用第二种方法进行划分，得到的网格质量比第一种方法更好。

在给引擎罩划分网格时，通常内外板边是以包边的方式进行连接。在进行有限元分析时，网格划分是一个重要的步骤，通常情况下会采用四边形单元和三角形单元来构建网格。其中，四边形单元具有良好的数值稳定性和数学特性，而三角形单元则能更好地描述复杂的几何形状。但是，在使用三角形单元时，需要注意避免出现扎堆现象，即尽量避免多个三角形单元密集排列在一起的情况。

此外，为了保证计算的精度和效率，三角形单元的数量也需要控制在总网格数量的 8% 以内。除此之外，网格划分的平均尺寸也是一个需要考虑的因素。在实际应用中，我们需要根据具体问题的特点和要求，综合考虑不同因素来确定网格划分的精度和数量。在本书中，引擎罩的有限元模型是由 141928 个单元和 148275 个节点构成的，这些单元和节点的精确数量也取决于划分网格的参数设置和计算的要求。图 5.2 展示了引擎罩的有限元网格划分模型。

图 5.2 引擎罩的有限元网格划分模型

5.2 某新能源 SUV 引擎罩模态和刚度工况的定义

5.2.1 引擎罩模态分析的原理

根据经典力学理论[91]，描述系统运动的微分方程为

$$[M]\{x''\}+[C]\{x'\}+[K]\{x\}=\{F(t)\} \tag{5.1}$$

式中：$[M]$ 为重量矩阵；$[C]$ 为阻尼矩阵；$[K]$ 为刚度矩阵；$\{x\}$ 为位移矢量；$\{F(t)\}$ 为力矢量；$\{x'\}$ 为速度矢量；$\{x''\}$ 为加速度矢量。

无阻尼模态分析是一种自由模态分析，其特点是阻尼矩阵为 0。在动力学问题中，运动方程变为

$$[M]\{x''\}+[K]\{x\}=\{0\} \tag{5.2}$$

结构自身的振动被设置为简谐波振动，其位移 x 为正弦函数：

$$x=\sin(\omega t) \tag{5.3}$$

代入式（5.2）得运动方程：

$$([K]-\omega^2[M])(x)=\{0\} \tag{5.4}$$

式中：方程的特征值为 ω_i^2，是自振角频率的平方，则自振频率 f 为

$$f = \frac{\omega^2}{2\pi}$$

5.2.2 引擎罩模态工况分析

模态分析能够得到引擎罩的动态特性，通过分析引擎罩各个阶次的振型频率，对其进行结构优化。根据汽车工程师的经验，引擎罩的扭转模态和弯曲模态影响其振动的主要因素。一般引擎罩的一阶振动频率不低于 28 Hz[92]。在此基础上，一阶振动频率越高，引擎罩的 NVH[噪声（Noise）、振动（Vibration）与声振粗糙度（Harshness）]性能越好[93]。本书主要研究引擎罩的自由模态，因此，不必对引擎罩网格模型施加约束，只需释放所有自由度即可。

5.2.3 引擎罩刚度工况定义

引擎罩是车辆外部的一个重要部件，其主要功能是保护引擎和其他机械设备免受外部环境的影响。同时，它还需要具备一定的刚度和强度以承受风力与其他外部压力。进行引擎罩的刚度分析可以帮助工程师评估该部件的结构是否足够稳固，是否能够承受在车辆行驶中遇到的多种不同路面和气流条件下的压力与振动。如果引擎罩的刚度不足，可能会发生弯曲、变形、撕裂甚至脱落等情况，这将严重影响车辆的性能、安全性和外观。因此，刚度分析可以帮助工程师在设计和生产引擎罩时进行适当的优化和调整，以确保其具有足够的强度和刚度，满足车辆运行的各种要求。

1. 正向弯曲工况的定义

引擎罩的正向弯曲工况是指在车辆行驶中，引擎罩受到风载荷或汽车行驶时整体震动等外力作用，而呈现出向前方或上方弯曲的状态。这种状态下，引擎罩的形状和尺寸可能发生变化，对汽车外观和性能都会产生影响。正向弯曲工况是引擎罩在不同工作条件下必须考虑的一种设计情形。在设计引擎罩时需要充分考虑这种工况，使其在行驶时能够保持稳定，避免产生不良影响。

引擎罩的正向弯曲工况可以看作是在垂直力的作用下罩板的纵向变形的程度。根据汽车引擎罩的分析标准以及汽车CAE工程师的经验，设定引擎罩的正向弯曲工况示意图如图5.3所示。

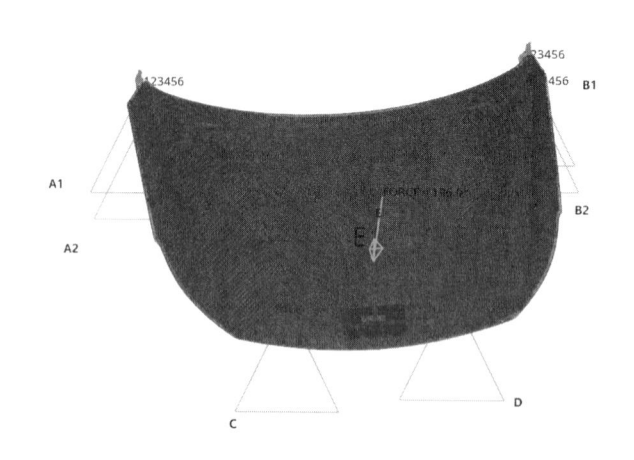

图5.3 引擎罩的正向弯曲工况示意图

图中A1、A2、B1、B2四点为引擎罩与车身通过铰链连接的位置，规定约束它们的6个空间自由度。C点和D点为引擎罩前部支撑位置，规定约束它们Z方向上的自由度。E点为引擎罩前部中心点，对其施加垂直向下（Z轴负方向）、大小为196 N的平均载荷。做完这几步，即完成对引擎罩正向弯曲载荷工况的加载。

2.侧向弯曲工况的定义

引擎罩侧向弯曲工况是指汽车在行驶过程中，遇到侧向力时所发生的变形情况。在这种工况下，汽车会受到横向外力作用，导致车身产生侧向变形，而引擎罩则因为位于车辆前部，承受着来自车头转向的侧向载荷，也会发生相应的侧向弯曲变形。这种变形通常是在模拟试验中对引擎罩进行评估和优化时需要考虑的一种工况。通过对引擎罩在侧向弯曲工况下的性能进行评估和改善，可以更好地提高汽车在操控性、安全性和外形美观度等方面的表现。

引擎罩的侧向弯曲工况主要考察罩板受到横向力时的变形特性。针对此种工况，引擎罩的侧向弯曲工况示意图如图 5.4 所示。

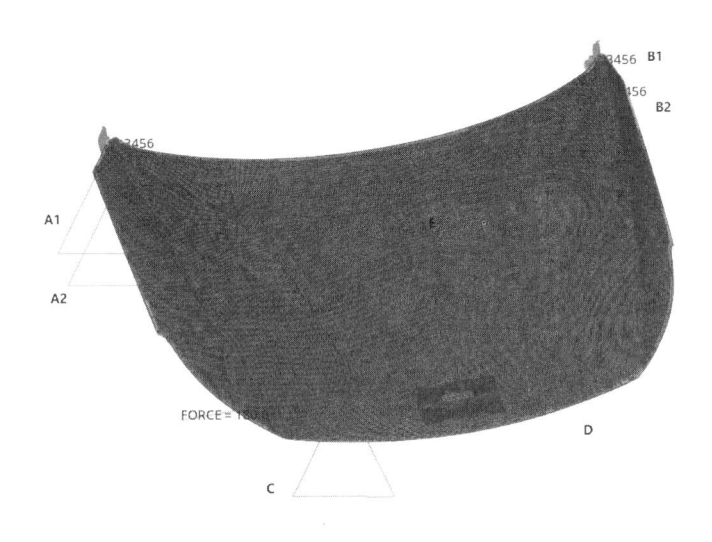

图 5.4 引擎罩的侧向弯曲工况示意图

图中 A1、A2、B1、B2 四点为引擎罩与车身的铰链链接位置，规定约束它们的 6 个空间自由度。C 点和 D 点为引擎罩前部支撑位置，规定约束 C 点 Z 方向上的自由度，对 C 点施加大小为 180 N 的载荷，方向为沿 Y 轴负方向。做完这几步，即完成对引擎罩侧向弯曲工况的加载。

3. 扭转弯曲工况的定义

引擎罩的扭转弯曲工况是指在车辆行驶中，引擎罩受到扭矩作用，即车辆前后不对称或车身变形等因素产生的力矩作用，导致引擎罩在水平面和垂直面上呈现出非对称性形变状态。扭转弯曲工况会导致引擎罩产生不均匀的形变和应力分布，对汽车整体的性能和外形美观度产生影响。针对这种工况，设计师需要充分考虑引擎罩的刚度、强度和形状等因素，以确保引擎罩在扭转弯曲工况下能够保持稳定性和可靠性。

引擎罩的扭转弯曲工况主要考察的是引擎罩在受到扭转载荷时罩板产生的扭转角。工况的实现一般是在引擎罩前部两个支撑点处施加一个扭转载荷，以此来产生扭矩达到模拟该工况的效果。引擎罩的扭转弯曲工况示意图如图 5.5 所示。

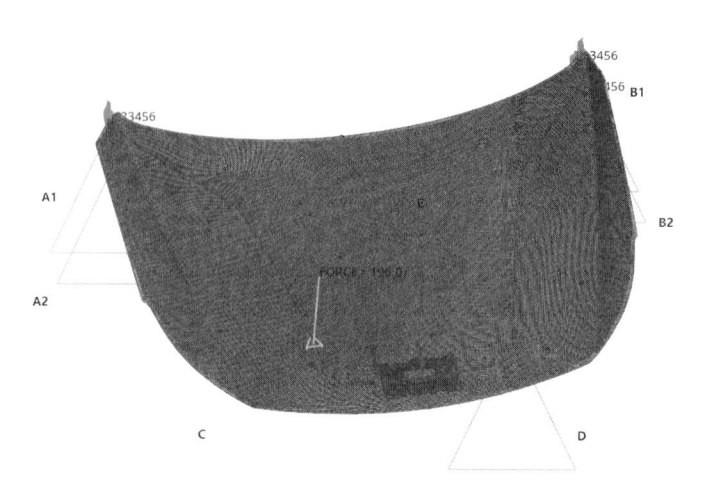

图 5.5 引擎罩的扭转弯曲工况示意图

图中 A1、A2、B1、B2 四点为引擎罩与车身的铰链链接位置，规定约束它们的 6 个空间自由度。C 点和 D 点为引擎罩前部支撑位置，规定约束 D 点 Z 方向上的自由度。对 C 点施加大小为 196 N 的载荷，方向为沿 Z 轴负方向。至此，即完成对引擎罩扭转弯曲工况的加载。

5.3 某新能源 SUV 引擎罩模态和刚度结果分析

5.3.1 引擎罩模态结果分析

引擎罩作为汽车的外部部件之一，不仅具有保护发动机的作用，同时也是整个车辆外观设计的重要组成部分。在汽车运行过程中，引擎罩的动态特性受到一阶扭转模态频率和外部激励频率的影响。一阶扭转模态频率是指引擎罩在绕其长轴方向扭转时的自然频率，是评价其振动特性的重要指标之一。外部激励频率是指汽车在行驶过程中所受的来自路面和发动机等方面振动激励的频率。在实际设计过程中，需要根据具体的应用环境和车辆参数等因素来确定引擎罩的一阶模态频率和外部激励频率。

以一款 SUV 车型为例，通常情况下其发动机的怠速值为 720～

800 r/min，激励频率为 24 ～ 27 Hz。为保证引擎罩的稳定性和安全性，在设计过程中应满足避开激励频率 2 Hz 以上的一般要求[26]。此外，为了进一步提高引擎罩的振动特性，其一阶模态频率应该控制在 29 Hz 以上。这需要在设计中进行合理的结构优化和材料选择等方面的工作，以确保引擎罩能够承受汽车行驶中的各种振动情况，同时具备美观、实用的特点。

经过对该引擎罩的模态分析，计算了该引擎罩在自由边界状态下的前 16 阶模态。由于前 8 阶为刚体振型，则其频率为 0。下面展示了其第 9、10、11、16 阶模态振型，如图 5.6 ～图 5.9 所示。

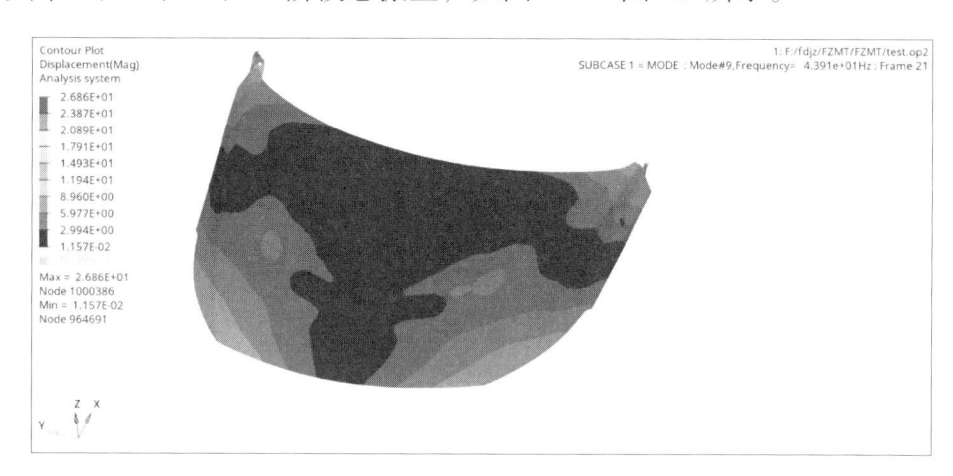

图 5.6　一阶扭转振型（第 9 阶）

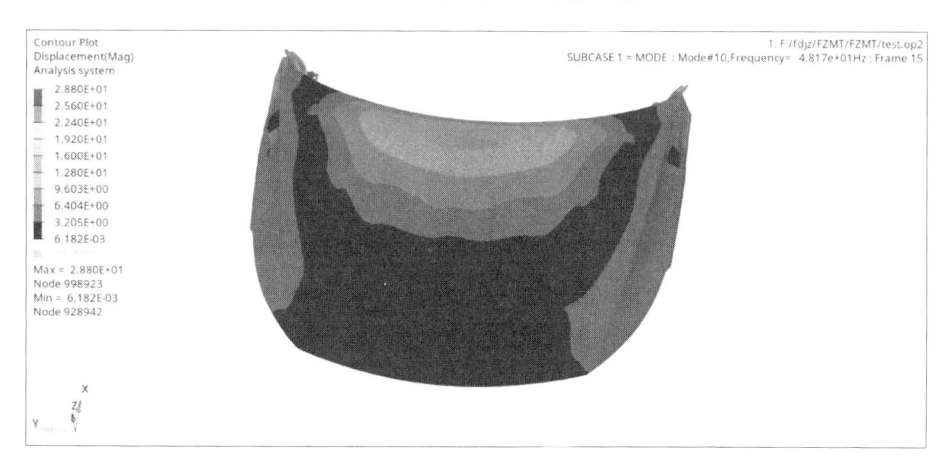

图 5.7　一阶弯曲振型（第 10 阶）

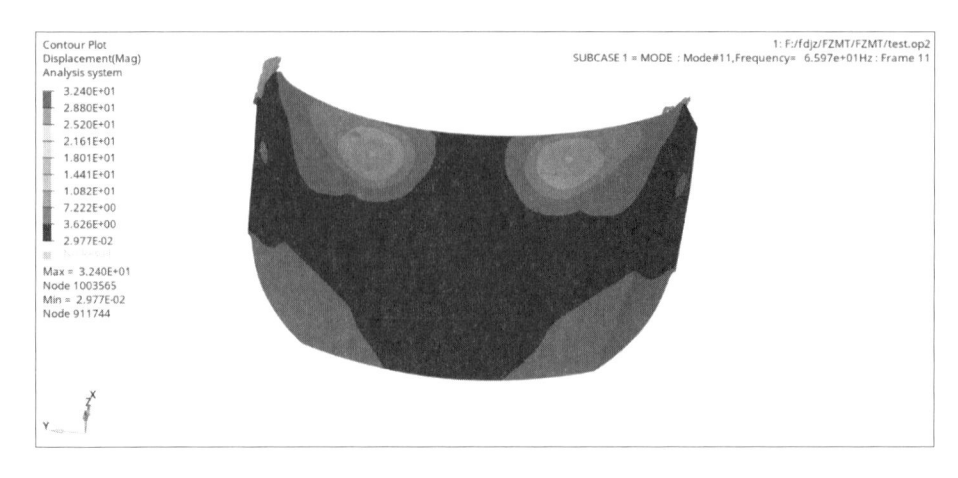

图 5.8　第 11 阶振型

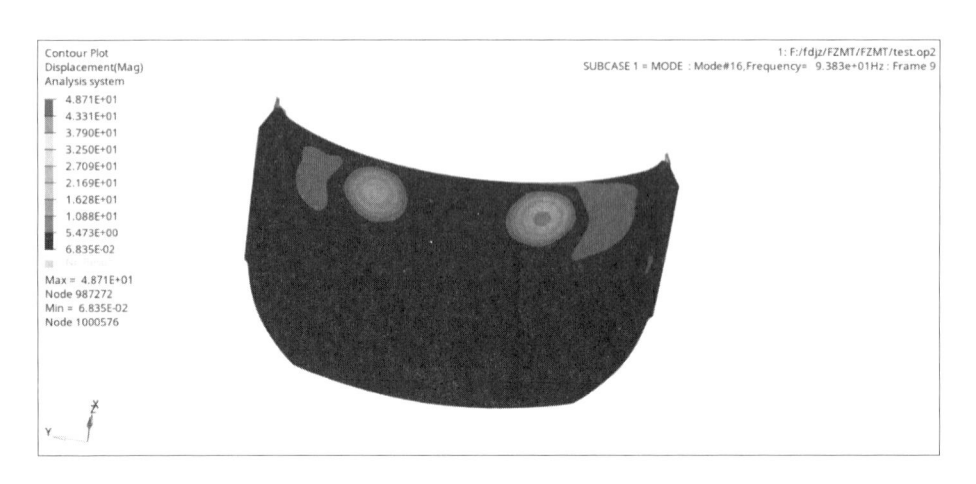

图 5.9　第 16 阶振型

引擎罩第 9、10、11、16 阶固有频率值见表 5.2。根据表 5.2 可知，引擎罩的一阶扭转振型（第 9 阶）频率为 44 Hz，比所规定的发动机怠速运转激振频率 24 ~ 27 Hz 超出很多。因此，在发动机怠速运转下，不会发生共振。但第 11 ~ 16 阶的振型表现出引擎罩后半部分产生局部变形，表明引擎罩局部可能产生较大的形变。

表 5.2　引擎罩第 9、10、11、16 阶固有频率值

单位：Hz

一阶扭转振型	一阶弯曲振型	第 11 阶振型	第 16 阶振型
44	48	66	94

5.3.2 引擎罩正向弯曲工况刚度结果分析

经过对引擎罩正向弯曲工况的仿真计算，其仿真结果如图 5.10 所示。

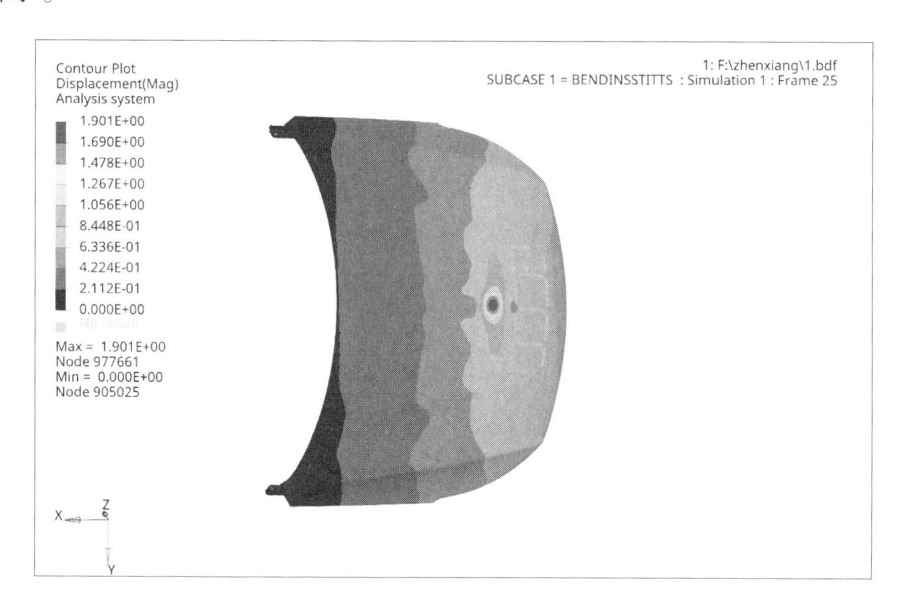

（a）正向弯曲工况位移云图

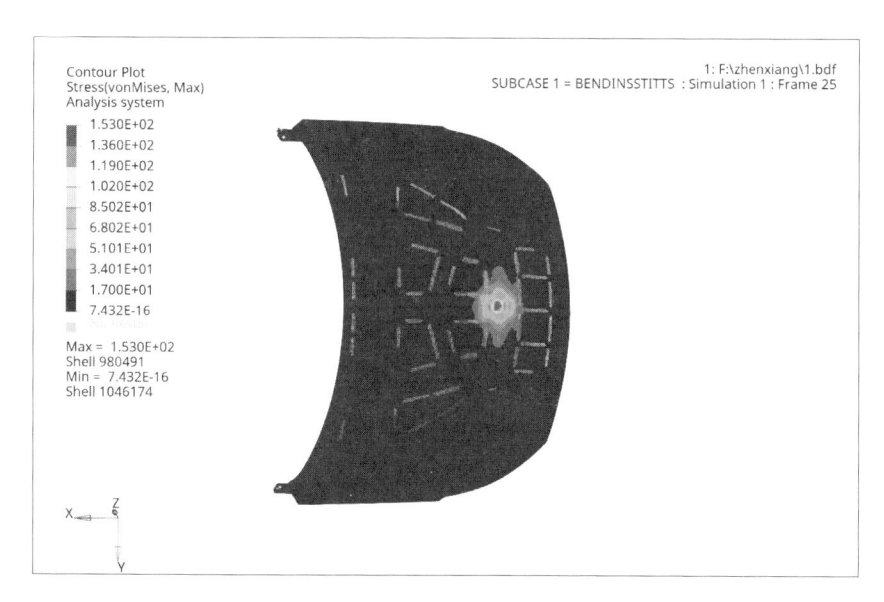

（b）正向弯曲工况应力云图

图 5.10 引擎罩正向弯曲工况有限元分析图

由引擎罩正向弯曲工况位移云图可知 [图 5.10（a）]，引擎罩在正向弯曲工况下的最大位移为 1.90 mm；由引擎罩的正向弯曲工况应力云图可知 [图 5.10（b）]，引擎罩在正向弯曲工况下的最大应力值为 153 MPa；由表 5.1 可知，冷轧钢板的屈服应力为 275 MPa。该引擎在正向弯曲工况下的仿真结果小于 275 MPa，故满足设计要求；由刚度计算公式可得，引擎罩在正向弯曲工况下的刚度为 103.16 N/mm。查阅资料得到的引擎罩在正向弯曲工况下的目标刚度值应大于或等于 100 N/mm。因此，故满足刚度要求。

5.3.3 引擎罩侧向弯曲工况刚度结果分析

经过 Nastran 求解得到引擎罩侧向弯曲工况仿真结果，如图 5.11 所示。

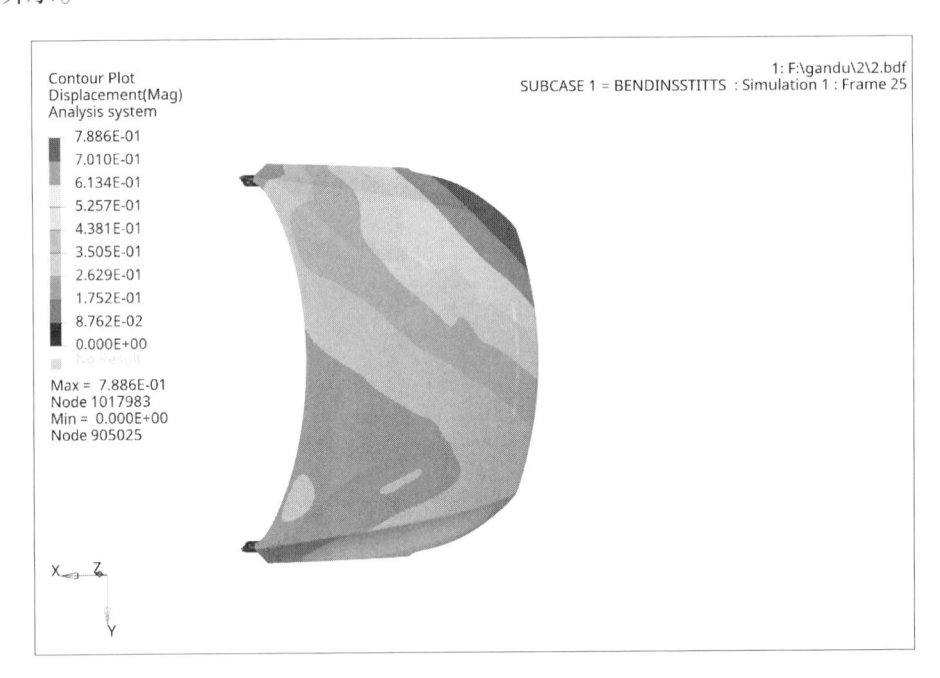

（a）侧向弯曲工况位移云图

图 5.11 引擎罩侧向弯曲工况有限元分析图

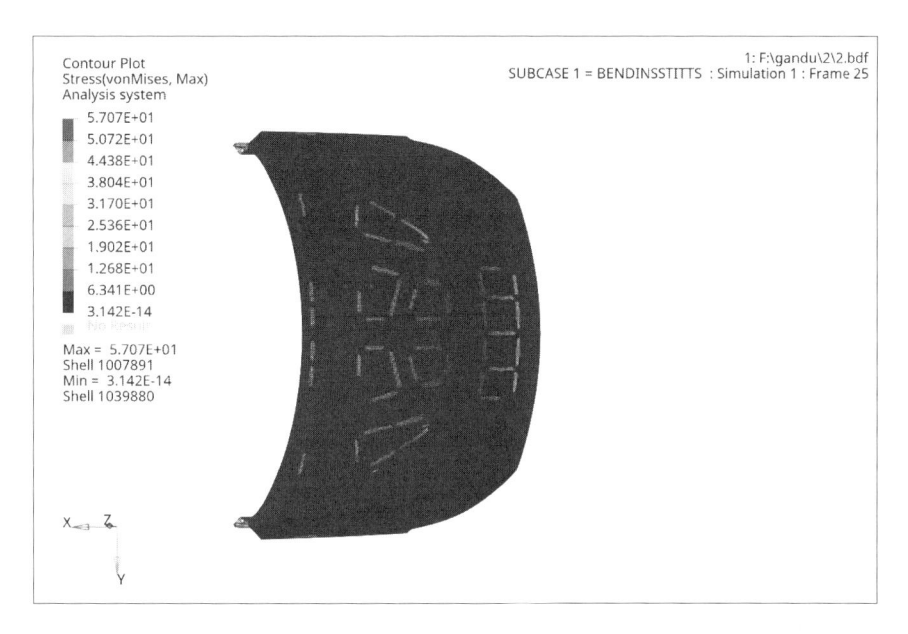

(b)侧向弯曲工况应力云图

图 5.11 （续）

由引擎罩侧向弯曲工况位移云图可知 [图 5.11（a）]，引擎罩受到载荷后最大位移为 0.79 mm；由引擎罩侧向弯曲工况应力云图可知 [图 5.11（b）]，引擎罩最大应力为 57.07 MPa，冷轧钢板的屈服应力为 275 MPa，仿真结果远小于 275 MPa。因此，引擎罩在侧向弯曲工况下满足强度要求。由刚度计算公式可得，引擎罩板在侧向弯曲工况下的刚度为 227.84 N/mm，侧向弯曲工况下引擎罩的目标刚度值要大于或等于 100 N/mm。因此，满足目标设计值。

5.3.4 引擎罩扭转工况刚度结果分析

经过对引擎罩扭转工况的仿真和计算，其仿真结果如图 5.12 所示。

由引擎罩扭转工况位移云图可知 [图 5.12（a）]，引擎罩在扭转工况下的最大位移为 5.64 mm，由引擎罩扭转工况位移云图可知 [图 5.12（b）]，引擎罩在扭转工况下的最大应力为 146.4 MPa，小于冷轧钢板的屈服强度 275 MPa。因此，引擎罩在扭转工况下的强度满足设计要求。由刚度计算公式可得，引擎罩在扭转工况下的刚度为 34.75（Nm/°）。查阅资料可知，引擎罩在扭转工况下的目标刚度值要大于或等于 27.6（Nm/°）。因此，满足引擎罩刚度设计要求。

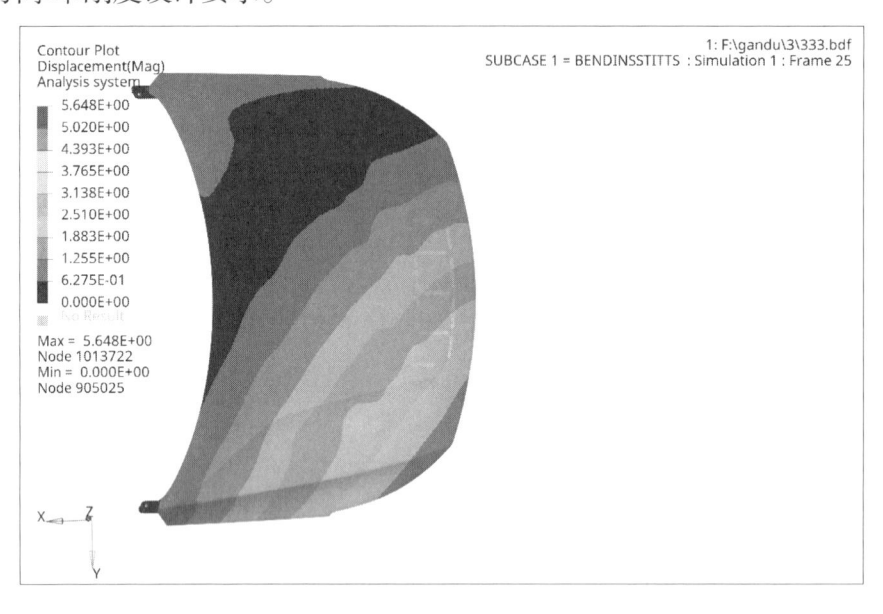

（a）扭转工况位移云图

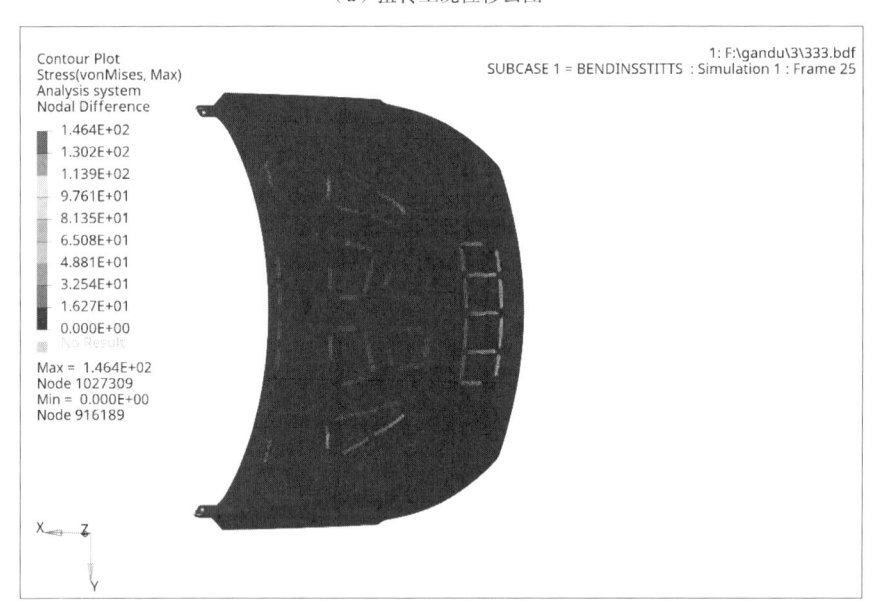

（b）扭转工况应力云图

图 5.12　引擎罩扭转工况有限元分析图

5.3.5 引擎罩模态和刚度分析总结

通过对引擎罩板的模态和刚度的 3 个主要工况的分析，分别得到了自由模态的一阶扭转模态频率以及正向弯曲工况、侧向弯曲工况和扭转工况的最大应力值。其数据见表 5.3。

表 5.3 引擎罩各工况数据

	一阶扭转模态频率 /Hz	正向弯曲工况刚度 /(N/mm)	侧向弯曲工况刚度 /(N/mm)	扭转工况刚度 /(Nm/°)
许可值	27	100	100	27.6
仿真值	44	103.16	227.84	34.75

由表 5.3 可知，引擎罩一阶扭转模态频率为 44 Hz，远大于许可值 27 Hz，所以满足引擎罩的设计要求。引擎罩在正向弯曲工况、侧向弯曲工况和扭转工况的应力均小于其材料的屈服强度 275 MPa，各工况刚度皆大于其许可值。因此，引擎罩的强度满足设计要求。

5.4 本章小结

本章首先建立了引擎罩的有限元模型，并按照网格划分标准对引擎罩进行合理的网格划分，得到了引擎罩有限元网格模型。其次，对模态工况（自由模态）、正向弯曲工况、侧向弯曲工况和扭转工况的约束条件进行加载，为后续模态和刚度结果的分析创造了条件。最后，对引擎罩模态和刚度结果进行分析，得到了一阶扭转模态和一阶弯曲模态，并通过静力学分析得到引擎罩在正向弯曲、侧向弯曲和扭转工况下的位移云图与应力云图，与实际情况进行了对比验证。

第6章 电池包结构设计与分析

6.1 电池包的结构组成

电池包是新能源汽车动力系统中的一个重要部件，为发动机提供驱动电源。动力电池是电动汽车的关键部件，作为电动汽车能量储藏的载体，其振动性能关系到整车安全，而重量及能量密度关系到整车动力性与经济性等指标。电池包一般是由电池模组、热管理系统、电池管理系统（Battery Management System, BMS）、电气系统及结构件组成。

1. 电池模组

（1）主要构件。电池模组的主要构件包括电池单体（Cell）、电池管理系统、塑料框架、冷却系统和压板。

1）电池单体：电池模组的核心组件，通常由正极、负极、电解液和隔膜组成。电池单体负责储存和释放电能，并通过串联和并联的方式组成电池模组。

2）电池管理系统：也称为模组控制，是电池模组的智能控制单元，负责监测、管理和控制电池组的各项参数，包括电压、电流、温度和SOC（State of Charge，电池荷电状态）等，以保证电池组的安全性、性能和寿命。

3）塑料框架：用于支撑和固定电池单体的结构组件，通常由高强度的工程塑料制成，具有轻量化、耐腐蚀和绝缘性能。

4）冷却系统：用于控制电池组件的温度，防止电池过热和损坏。它通常包括冷板、冷却管道和散热片等组件，通过循环冷却剂来实现电池组件的有效散热。

5）压板：用于固定电池模组的结构，保证电池单体之间的良好接触和稳定性，通常位于模组的两端，并通过紧固件固定在一起。

每个组件在电池模组中都起着重要的作用，共同确保电池模组的性能、安全性和可靠性。

（2）电池模组的作用。

1）电池单体组装：电池模组将多个电池单体按照一定的连接方式（串联、并联或串并联组合）组装成一个整体单元。这样的组装方式可以有效提高电池组的电压和电容量，满足车辆对能量的需求。

2）机械支撑和保护：电池模组通过其结构设计，为电池单体提供了机械支撑和保护作用，能够抵御外部环境的振动、冲击和压力，保护电池单体免受损坏。

3）散热和温度管理：电池模组中通常包含散热片、冷板和冷却管道等组件，用于散热和温度管理。通过这些部件，可以有效地调节电池模组的温度，防止因过热对电池性能和安全性的影响。

4）电气连接和导电管理：电池模组内部通常包含导电连接件，用于连接电池单体之间的电气线路，以及连接电池模组与车辆的电气系统。这些连接件能够确保电能在电池模组内部的有效传递和分配。

5）整体结构设计：电池模组的设计不仅要考虑到单体组装和连接，还需要考虑整体结构设计，以适应电池包的安装和固定。整体结构设计包括模组的外形尺寸、安装孔位、固定方式等方面的设计。

6）管理系统集成：电池模组通常也集成了电池管理系统的一部分，用于监控和管理电池模组的状态，包括电压、电流、温度等参数的监测和控制。

2. 电芯

（1）主要构件。电芯主要由正极、负极、隔膜、电解质和集流体组成。

1）正极：电池的正极性材料，负责在充电时吸收锂离子，放电时释放锂离子。常见的正极材料包括氧化物类材料，如氧化钴、氧化镍锰、氧化钛酸锂等。

2）负极：电池的负极性材料，负责在充电时释放锂离子，放电时吸收锂离子。常见的负极材料包括石墨类材料，如天然石墨、人造石墨、石墨烯等。

3）隔膜：位于正负极之间，用于阻止正负极之间的直接接触，同时允许锂离子的通行。隔膜通常由聚合物材料制成，如聚丙烯（PP）或聚乙烯（PE）等。

4）电解质：电池中的导电介质，负责锂离子的传输。电解质通常是液态或凝胶态的有机溶液，常见的电解质包括碳酸酯类溶剂和锂盐类溶质，如丙烷二酮（EC）、乙二醇二甲醚（DME）和锂盐（LiPF6）等。

5）集流体：正负极与电池外部电路连接的导电组件，负责将电流从电池中引出。集流体通常是金属箔片，如铜箔（用于正极）和铝箔（用于负极）。

（2）电芯的作用。

1）能量存储：电芯通过充电过程将电能转化为化学能，并将其储存在电芯内部的化学物质中。在放电过程中，化学能再转化为电能，供给外部设备使用。

2）能量释放：在电芯放电时，储存的化学能被释放，转化为电能，从而为电动机等设备提供驱动力。这使得电芯成为新能源汽车动力系统中的关键组件之一。

3）电化学反应催化：电芯内部的正极和负极之间的电化学反应是储存和释放能量过程的关键。电芯中的电解质起到传导锂离子的作用，促进正负极之间的电荷转移。

4）调节电池电压：电芯的设计和构造可以影响电池的电压和电荷容量。通过控制电芯的化学成分、结构和几何形状，可以调节电池的性能特性，如电压、电流输出能力等。

5）稳定性和安全性：电芯的设计和材料选择对电池的稳定性和安全性具有重要影响。优质的电芯设计可以降低电池内部的热量积聚和火灾风险，提高电池的安全性能。在电池包模型建立过程中，为了简化电池包结构，电芯通常采用长方形设计。

3. 电池管理系统

（1）工作原理。动力电池管理系统的功能是对电池进行监控和管理。其工作原理是：首先对电压、电流、温度以及 SOC 等物理参数进行采集，然后通过相关计算，进而控制电池的充放电过程，实现对电池的保护，提升电池综合性能。动力电池管理系统是连接车载动力电池和电动汽车的重要纽带。

（2）电池管理系统的作用。

电池管理系统在动力电池中的具体作用如下：

1）对电池展开监控：电池管理系统负责监测电池模组的各种参数，如电压、电流、温度、SOC 等，以实时掌握电池的工作状态。

2）电池保护作用：通过监控电池模组的各项参数，电池管理系统能够实时检测到电池可能出现的异常情况，如过充、过放、过温、短路等，并采取相应的保护措施，以防止电池损坏或安全事故的发生。

3）电池充放控制：根据电池模组的状态和外部环境条件，电池管理系统可以控制电池的充放电过程，以保证充电过程的安全性和充电性能，同时最大限度地延长电池的使用寿命。

4）电池功能优化：电池管理系统可以通过智能算法对电池模组进行优化管理，提高电池模组的能量利用率和性能表现，以满足不同工况下的需求。

5）电池故障诊断与维护：电池管理系统能够识别电池模组的故障，并及时进行诊断和报警，以帮助维修人员快速定位和解决问题，保障电池模组的正常运行。

BMS 在电池模组中扮演着监控、保护、控制、优化和维护等多重角色，是保障电池模组安全性、性能和可靠性的关键系统之一。

6.2 电池包模型的建立和仿真

6.2.1 电池包模型和内部结构

在 CATIA 软件中建立电池包的电芯（图 6.1）、电池包上、下盖

（图6.2和图6.3）、液冷板（图6.4）等部件，并将这些部件及其他部件（图6.5）在CATIA软件中组装成一个完整电池包。最后建立的模型如图6.6所示。

图6.1 电芯模型

图6.2 电池包上盖

图6.3 电池包下盖

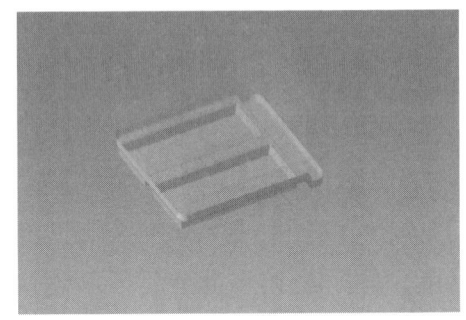

图6.4 液冷板

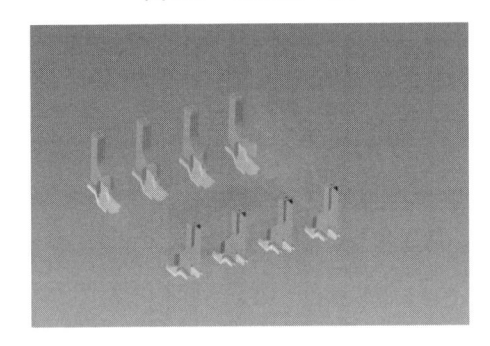

图6.5 其他部件

图6.6 电池包整体组装图

6.2.2 模型仿真

1. 几何模型的建立和修改

将电池包的几何模型导入HyperMesh后，修改并删除不需要的几何模型。在导入几何模型后，对电池包的几何模型进行简化和修补，以及合并小的几何体，以确保其几何形状的完整性和准确性。

2.划分网格

网格划分是有限元分析的关键步骤之一。在HyperMesh中，对几何模型进行网格划分，以生成适合仿真分析的有限元网格。这一过程包括对曲面进行网格划分，使用默认划分网格配置，以及对配件进行网格划分。具体划分细节如图6.7所示。

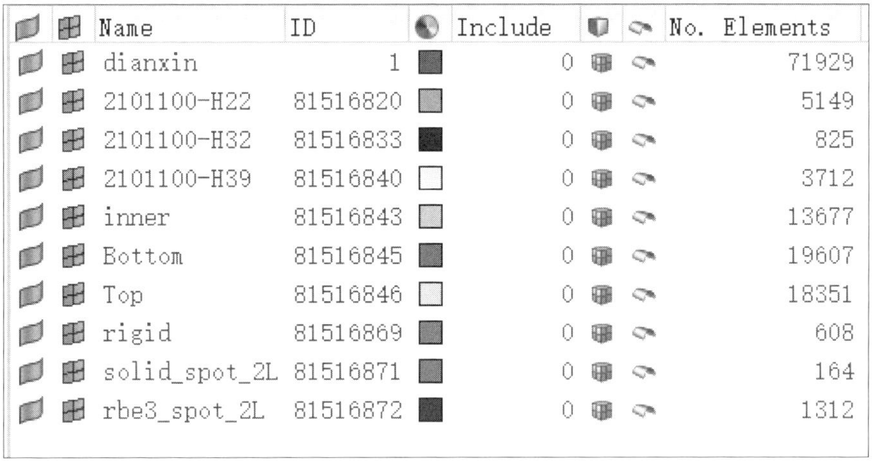

Name	ID	Include	No. Elements
dianxin	1	0	71929
2101100-H22	81516820	0	5149
2101100-H32	81516833	0	825
2101100-H39	81516840	0	3712
inner	81516843	0	13677
Bottom	81516845	0	19607
Top	81516846	0	18351
rigid	81516869	0	608
solid_spot_2L	81516871	0	164
rbe3_spot_2L	81516872	0	1312

图6.7　材料属性及其网格划分

3.定义材料属性

根据仿真分析的需求，需要为模型中的各个部分定义材料属性。这包括指定材料类型、泊松比、弹性模量等参数。通过分配材料属性卡片来定义材料属性，具体见表6.1。

表6.1　材料属性定义

属性	上下盖	电芯	液冷板
材料类型	冷轧钢	铝	
泊松比	0.31	0.33	
弹性模量/MPa	300	50	

4.设置边界条件

确定仿真分析中的边界条件，包括约束和载荷。使用加载条件卡片来设置边界条件,如图 6.8 所示。

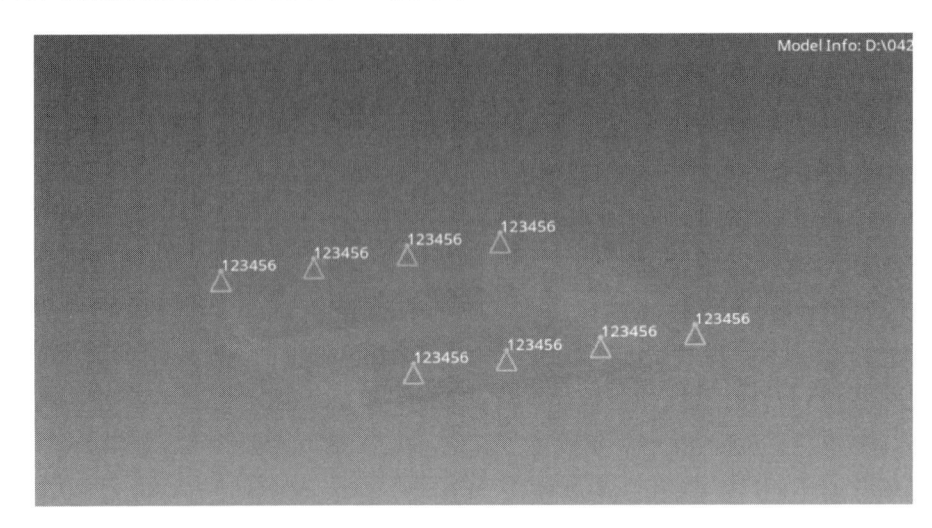

图 6.8 边界载荷的施加

5. 生成网格质量检查

在完成网格划分后,需要对生成的网格质量进行检查和评估。在 HyperMesh 中,可以使用网格质量检查工具来评估网格的质量。网格质量检查如图 6.9 所示,网格数量的统计如图 6.10 所示。最后导出模型,完成模型的准备。

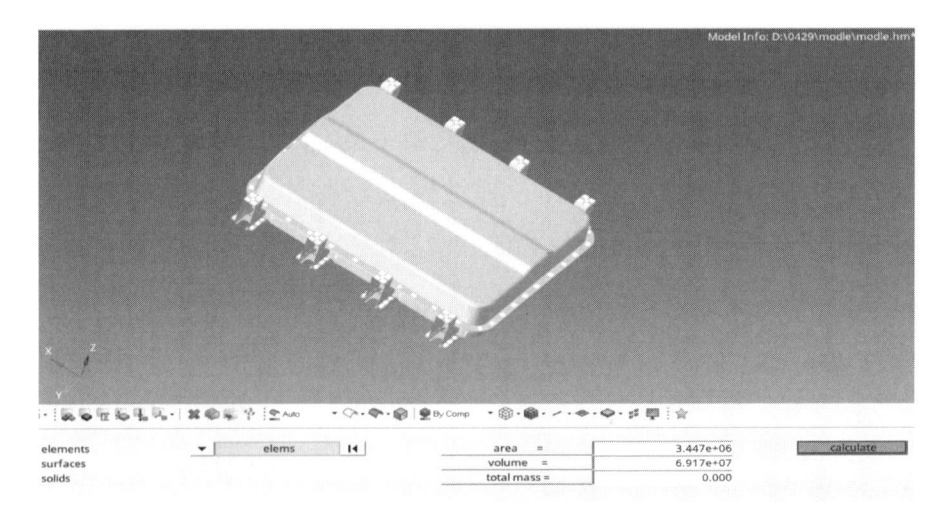

图 6.9 网格质量检查

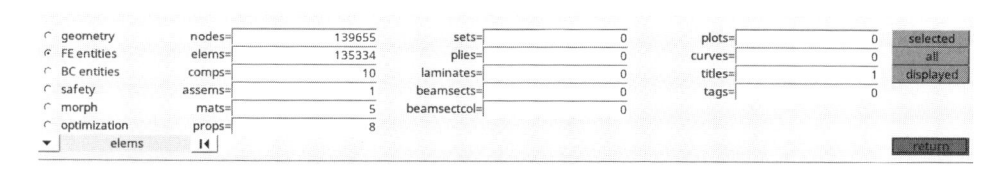

图 6.10 网格数量的统计

6.3 某新能源 SUV 电池包的模态和刚度分析

6.3.1 电池包模态分析

1. 模态分析的意义

（1）确定电池包的频率和振型：通过模态分析，可以确定电池包在不同振动模态下的固有频率和振型。通过评估这些固有频率，可以了解电池包的结构在振动作用下的稳定性。特别是在电动汽车行驶过程中，可能面临路面振动和其他外部振动的影响，因此评估电池包的结构稳定性对保障其安全性和可靠性至关重要。

（2）预测结构振动响应：模态分析可以提供电池包在不同频率下的振动模态，从而预测其在外部激励下的振动响应。这有助于评估电池包在不同工作条件下的振动情况，为振动控制和减震设计提供重要依据。

（3）指导结构优化：通过模态分析，可以发现电池包结构的主要振动模态和振型。根据这些信息，可以进行结构优化设计，以改善电池包的振动特性。例如，通过调整结构参数、增加阻尼器或改变材料，可以降低电池包的振动响应，提高其结构稳定性和耐久性。

（4）提高产品质量：通过模态分析，可以发现潜在的结构问题和设计缺陷，及时进行调整和改进，从而提高电池包的产品质量。及早发现和解决结构问题，可以降低产品在使用过程中的故障率和维修成本，提高产品的可靠性和性能。

综上所述，电池包自身模态分析对评估结构稳定性、预测振动响应、指导优化设计、提高产品质量和优化电池布局方案等方面具有重要作用，对电池包的设计和生产具有重要意义。

2. 模态分析结果

为了分析电池包的低阶模态特性，使用 HyperMesh 软件进行模态分析。首先，在 HyperMesh 中添加模态分析卡片 Eigrl，然后使用 Block-Lanczos 法提取模态。一般情况下，低于 1 Hz 的模态是 6 个基础自由度的模态振型，因此本书从 1 Hz 计算起始模态频率，并提取前 8 阶的模态分析结果进行分析。图 6.11～图 6.18 显示了电池包前 8 阶的模态振型；表 6.2 描述了电池包前 8 阶模态振型的频率大小和特征。

图 6.11　电池包第 1 阶模态振型

图 6.12　电池包第 2 阶模态振型

图 6.13　电池包第 3 阶模态振型

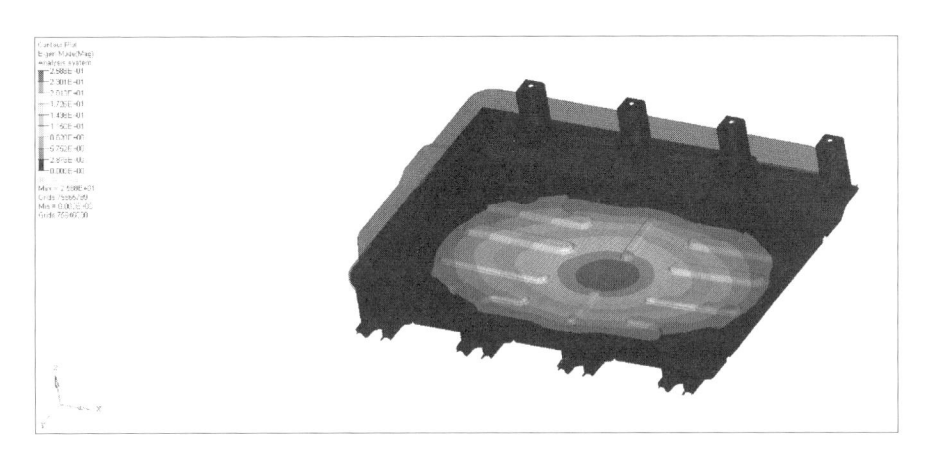

图 6.14　电池包第 4 阶模态振型

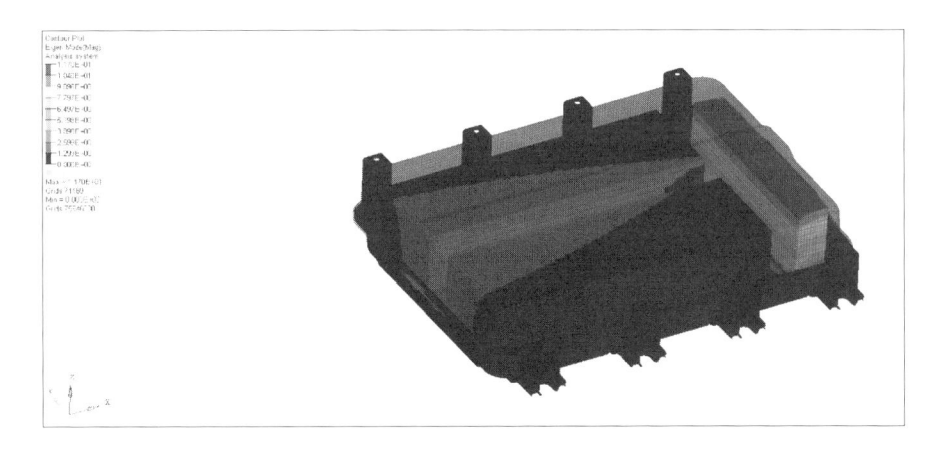

图 6.15　电池包第 5 阶模态振型

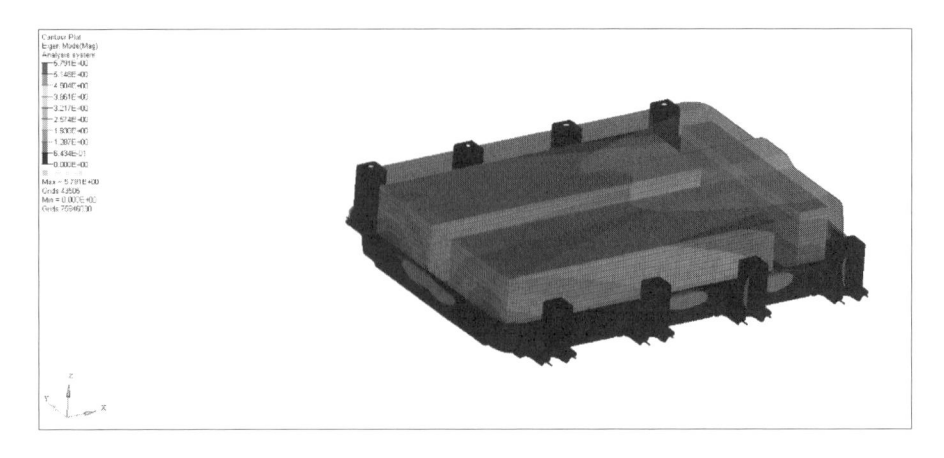

图 6.16　电池包第 6 阶模态振型

图 6.17　电池包第 7 阶模态振型

图 6.18　电池包第 8 阶模态振型

表 6.2 电池包前 8 阶模态分析结果

阶数	频率 /Hz	模态振型描述
1	25.31	整体一阶模态
2	28.26	电芯一阶扭转模态
3	44.01	上盖一阶扭转模态
4	44.07	上盖一阶弯曲模态
5	47.95	电芯一阶扭转模态
6	58.61	电芯一阶弯曲模态
7	66.46	下盖一阶弯曲模态
8	69.41	下盖一阶扭转模态

由图 6.11～图 6.18 和表 6.2 可知，第 1 阶云图为整体一阶模态云图，其余的 7 个均为部件一阶云图，且从表 6.2 中可以看出，对卡扣施加载荷对部件整体均会产生弯曲应力。

频率在路面、传动系统、车身、车桥等的外界激励频率 0～20 Hz 中，使用时极易发生共振现象[94]。电池包的整体一阶频率为 25.31 Hz，大于电池包的固有频率 20 Hz，因此模态分析结果正常。

6.3.2　电池包弯曲刚度分析

1. 电池包弯曲刚度分析意义

（1）结构设计优化：通过弯曲刚度分析，可以确定电池包在受到弯曲载荷时的变形情况，从而评估其结构的稳定性和强度。根据分析结果，设计工程师可以进行优化设计，如调整结构形状、材料厚度或支撑结构，以提高电池包的弯曲刚度和结构强度，从而确保其在实际应用中的可靠性和安全性。

（2）性能预测和评估：弯曲刚度分析可以帮助预测和评估电池包在实际使用中的性能。通过模拟不同弯曲载荷下的变形和应力响应，可以得到电池包的工作性能指标，如最大变形量、最大应力和应力集中区域等，为设计评估和性能优化提供依据。

（3）故障诊断和预防：弯曲刚度分析还可以用于诊断和预防电池包在使用过程中可能出现的故障与失效。通过分析电池包在不同弯曲载荷下的变形和应力分布情况，可以识别潜在的弱点和脆弱区域，及时采取措施进行预防和修复，以确保电池包的安全性和可靠性。

（4）质量控制和标准制定：弯曲刚度分析结果可以作为质量控制和标准制定的依据。根据分析结果制定相应的质量标准和测试方法，以确保电池包的设计和制造符合相关规定与要求，从而提高产品质量和市场竞争力。

2. 电池包弯曲刚度的载荷施加

在进行电池包结构的弯曲仿真分析时，首先需要确定施加的载荷大小和位置。根据电池包受力情况，本章中选择在电池包的卡扣上施加载荷。为了避免某个节点受力过大影响分析结果，分别在多个地方施加载荷，每个载荷取 100 N。图 6.19 显示了电池包在弯曲工况下的边界条件设置情况。经过以上步骤，对电池包的弯曲载荷施加完毕。

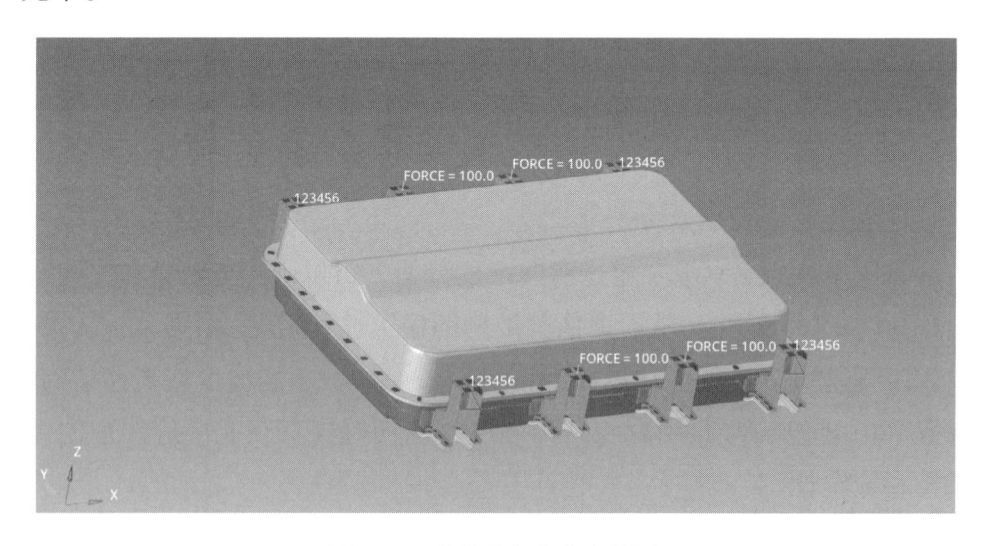

图 6.19 载荷施加大小和位置

3. 电池包弯曲刚度计算

弯曲刚度是指材料在受到外力作用时抵抗弯曲变形的能力，通常用弯曲应力和弯曲应变的关系描述。弯曲刚度可以反映材料在弯曲加载下的硬度和刚度，是评价材料抗弯性能的重要指标之一。

弯曲刚度对于材料的选择、结构设计和工程应用具有重要意义。高弯曲刚度的材料在受到外力作用时会有更小的弯曲变形，因此在需要抵抗弯曲变形的结构件和工件中应用广泛，如梁、梁柱、桥梁等。而在一些特定应用中，则需要弯曲变形的弹簧、挠性结构等。从材料选型的角度对电池包箱体进行优化，结构件大部分采用铝合金件，在保证整体结构的同时，大大减轻了电池包的质量，满足国家对乘用车轻量化的要求[95]。

在电池包的弯曲刚度分析中，弯曲刚度可以用来评估电池包的结构强度和稳定性，从而指导设计优化，以确保电池包在使用过程中具有良好的机械性能和安全性。

可以通过将电池包在弯曲工况下的总载荷除以结构在弯曲工况下竖直方向上的最大变形量来获得弯曲刚度值。即用电池包载荷（F）和最大弯曲挠度（z）的比例来估算电池包结构的弯曲刚度。在此分析中，将电池包最大的变形情况作为评估标准，电池包弯曲刚度的计算公式为

$$EI = \frac{F}{z} \tag{6.1}$$

式中：F 为最大载荷（集中力加载），N；z 为电池包在竖直方向偏移的变形量，m；EI 为电池包的刚度，N/m。

4. 电池包弯曲刚度计算结果分析

经过 HyperMesh 中的 OptiStruct 求解器计算，并将结果文件导入 HyperView 软件，得到该模型的弯曲刚度位移云图，如图 6.20 所示。通过对数据进行计算，发现电池包在 Z 轴方向的最大位移为 0.5336 mm。将该最大位移代入弯曲刚度公式 [式（6.1）] 中进行计算

后，得到该款新能源 SUV 电池包的弯曲刚度大小为 85.84E+6 N/m，与公司给定的标准值 87.65E+6 N/m 接近，误差为 2.06%，弯曲刚度符合要求。

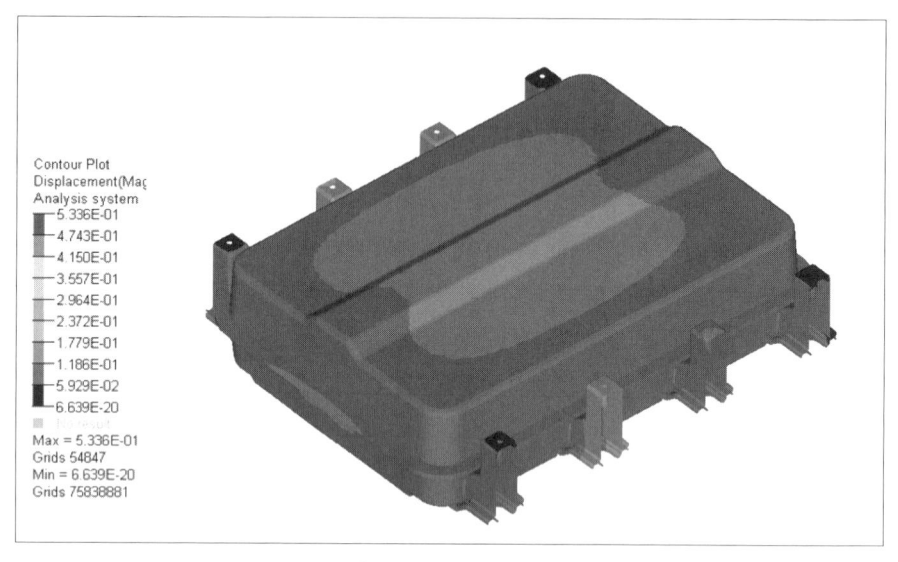

图 6.20　电池包的弯曲刚度位移云图

6.3.3　电池包扭转刚度分析

1. 电池包扭转刚度分析的意义

动力电池包作为纯电动汽车的唯一动力来源，对电池安全性的保护至关重要。因此，其强度、刚度必须满足使用要求才可以保证行驶的安全性[96]。电池包的扭转刚度分析是评估电池包在受到扭转载荷时的变形和应力响应的过程。电池包扭转刚度分析的意义体现在以下几个方面。

（1）结构稳定性评估。扭转刚度分析可以帮助评估电池包在扭转载荷作用下的结构稳定性。了解电池包在扭转载荷下的变形情况，可以确定其是否足够稳定，是否能够保持结构完整性，从而确保电池包在使用过程中不会出现形变或损坏。

（2）安全性评估。电池包的扭转刚度分析有助于评估其在意外情况下的安全性能。例如，在车辆发生侧翻或碰撞事故时，电池包可能会受到扭转载荷的作用，因此了解其扭转刚度可以评估其在此类情况下的安全性能，以及是否能够提供足够的保护。

（3）性能改进。了解电池包在扭转载荷下的应力响应和变形情况，有助于识别并改进电池包的材料选用、连接方式、结构设计等方面的问题，从而提高其性能和耐久性。

（4）合规性评估。扭转刚度分析有助于评估电池包是否符合相关的法规和标准要求。一些汽车行业的标准和规范可能对电池包的扭转刚度有具体的要求，因此进行分析可以确保电池包的合规性。

综上所述，电池包的扭转刚度分析对于评估其结构稳定性、安全性能和设计优化具有重要意义，可以为电池包的性能改进和产品设计提供重要参考。

2. 电池包扭转刚度的载荷施加

进行扭转刚度分析前，需先施加扭转载荷和约束条件。扭转载荷的施加和约束条件如图 6.21 所示。

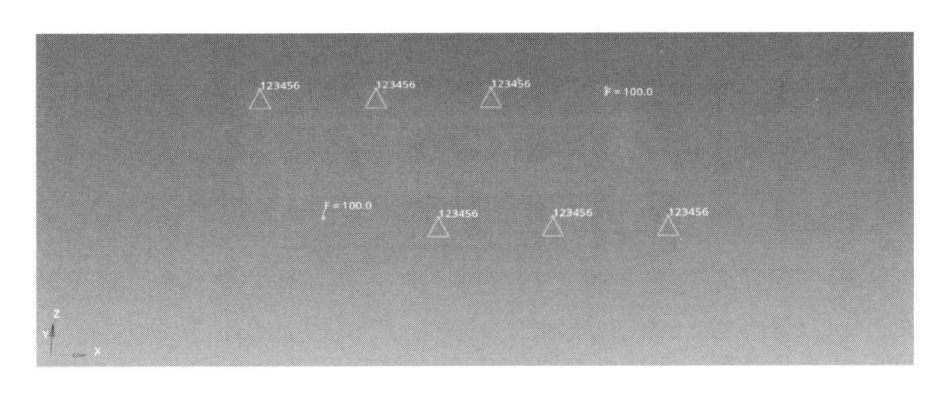

图 6.21 扭转载荷的施加和约束条件

3. 电池包扭转刚度云图

打开 HyperMesh 软件，使用 OptiStruct 求解器处理计算结果，并将计算结果导入软件 HyperView 中得到 Z 向位移云图。最终的结果如图 6.22 所示。

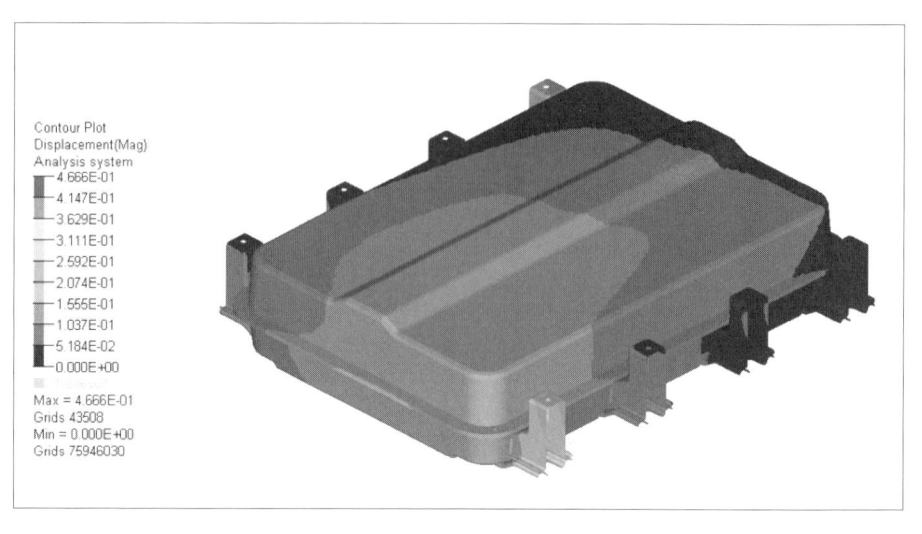

图 6.22　扭转刚度 Z 向位移云图

由图 6.22 可知，电池包的 Z 轴位移最大值为 0.4666 mm，经过计算得到的扭转角为 1.4°，扭转刚度为 42918 (Nm/°)。由于不存在具体的扭转刚度数值标准，所以可以通过判断是否超过材料的屈服强度来判断其是否发生变形。铝的屈服强度为 480 MPa，当前扭转刚度并未超过此值，故不会产生形变，所以电池包在该情况下正常。

6.4　本章小结

本章介绍了电池包的主要结构和三维模型的建立以及仿真分析的步骤。在结构方面，详细阐述了电池包的内部结构组成和工作原理；在模型建立方面，完成了电池包三维结构几何模型和有限元模型的建立；最后，对电池包模型进行了模态和刚度仿真分析，验证了模型的有效性。

第 7 章　电池包底部结构设计与碰撞仿真分析

7.1　某新能源 SUV 电池包结构分析及模型的建立

7.1.1　电池包结构分析

电池包是一个复杂的系统，本书主要研究壳体、电芯等部件在直线托底工况下的应力及变形情况。电池作为新能源 SUV 的核心部件，是与传统燃油汽车竞争的重要依靠。国家对新能源汽车的重视程度不言而喻，对电池包进行一系列的仿真试验则是必要的。电池包是由多个部件组成的一个复杂系统，看先要理清电池包中每一个部件的作用、性能、工作原理等，以保证后续能够精准地对每一个部件进行分析。

电池包的主要部件包括液冷板、电芯、BDU（Battery Distribution Unit，电池能量分配单元）、密封盖等。液冷板是新能源 SUV 电池包必不可少的部件。汽车在运行过程中，电池会产生很多热量，首先要保证这些热量能够及时通过冷却系统排出车外，从而保证安全性以及电池的高性能工作。一般情况下，液冷板是板状部件，在制作完成后需要经过严格的检验，达到合格标准才能够供给 SUV 使用。电芯是真正提供能量的部分，由正负极板和电解液组成，通过电化学反应向外界输出能量。一个电池包由许多电芯装配在一起组成，这样可以提供更持久的续航能力。BDU 在电池包中起着非常重要的作用，即控制着高压回路中的上电、下电以及充电过程。BDU 质量的好坏直接影响电池包的工作效率和使用寿命。除此之外，BDU 还控制电池与电气系统的通断，防止电池在未使用时产生不必要的损耗，同时还能保护汽车的电气系统。

7.1.2 电池包材料属性

电池包的壳体需要具备良好的绝缘和散热等性能，能够长时间稳定工作。电池包壳体由上、下壳和密封系统构成，上、下壳大概占电池包总质量的15%，壳体所用的材料强度高，能够保护内部的重要部件。

电池包壳体的材料随着时间推移经历了多次变化。最初使用的是钢板作为壳体材料，因其制作简单、成本低，具有良好的导热性和抗撞击能力，但缺点是质量较大，会增加汽车运行时的载荷，影响汽车性能。随着新能源汽车的发展，铝合金作为第二种材料被广泛使用，其密度小、刚强度高，足以保护电池包内部的重要元件，且完全符合轻量化设计的要求，在新能源 SUV 上得到了广泛应用。除此之外，还有金属与塑料结合的形式，如比亚迪-秦的电池包壳体采用片状模塑料复合材料和铝制材料，这使能量密度大幅提升，充满电之后能够运行更长时间。还有一些其他材料，比如碳纤维、泡沫铝等，但因为在新能源汽车上的应用并不广泛，本书不作详细分析。

7.1.3 电池包网格模型的建立

1. 几何模型的简化及构建

根据企业提供的参数及要求，在 UG 软件中建立了电池包的几何模型，电池包长度为 2m，宽度为 1.4m。再将模型导入 HyperMesh 软件中，对其进行网格划分。因为使用的软件不同，导入的模型可能会出现问题，所以需要修复缺损的面，以及修改模型中不合理的地方，以确保后续步骤能够正常进行。

对电池包的结构没有明显影响的情况下，去除一些小孔和圆角可以有效地减轻后续分析的难度。

将建好的模型导入 HyperMesh 软件，效果如图 7.1 所示。

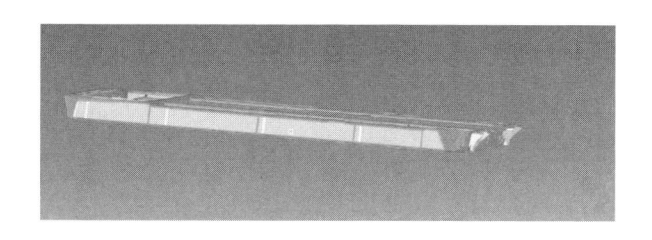

图 7.1 电池包的几何模型

2. 网格的划分

建立的电池包模型不一定能够划分合格的网格单元，因为电池包的几何模型可能存在缺陷。因此，需要对模型进行几何清理，修改不合理的地方，以提高网格的质量。网格质量的好坏直接影响后续仿真分析结果的准确性。在实际工程领域中，网格划分必须非常细致准确，任何错误都可能造成严重的后果。

根据电池包的几何模型，首先确定网格划分方法，具体包括四边形单元、三角形单元、四面体单元、六面体单元等。电芯采用六面体单元进行划分，电池包外壳先划分为壳单元，之后赋予厚度，这样可以提高后续的计算效率。在划分网格时，先对修复好的模型划分二维网格单元，检查无误后再进行三维网格单元的划分。划分时，需要确定网格密度，因为模型是不规则的，不同部位所需的密集程度不同，所受应力较高的部分在划分网格时会密集，以确保后续仿真计算结果的准确性。图 7.2 展示了单元数和节点的检查结果，划分的网格节点数为 336624，网格单元数为 308461。

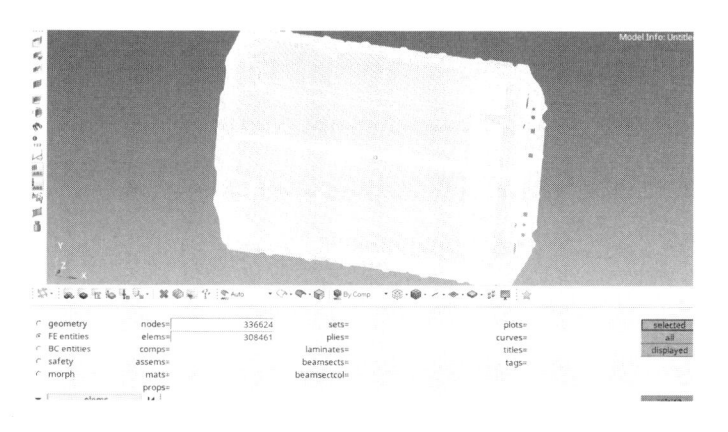

图 7.2 电池包网格划分

3. 网格质量的检查

网格质量在很大程度上会影响后续仿真计算的结果，因此必须对划分好的模型进行网格质量检查。常见的检查方法包括以下几方面。

（1）网格密度检查：本章针对电池包底部进行碰撞分析，因此底壳及电芯连接处需要增加网格密度，但也不能过度密集，密度过大会使网格单元尺寸减小，也因此增加了后续分析的工作量，降低工作效率，合理设置网格密度，使仿真计算结果更为精准，提高了仿真分析效率。

（2）单元形状检查：确保划分的网格形状符合相关标准，对于不合理的网格形状要及时修改。

（3）自由边和自由面的检查：检查是否有重合的单元，这些都会影响后续的计算。

网格质量的好坏直接影响到后续碰撞仿真结果的准确性，所以在进行网格质量检查时要尽量满足标准。有限元网格质量标准如图7.3所示。

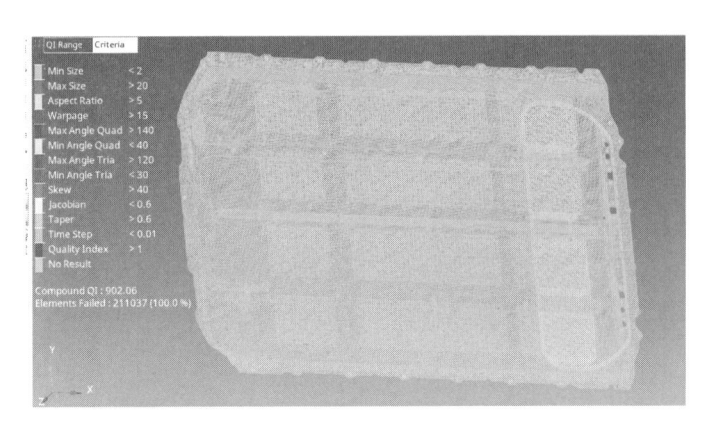

图 7.3 有限元网格质量标准

4. 连接模拟

在有限元分析中，常见的连接方式包括焊点、螺栓和胶粘。焊点由于数量众多，一般采用简化模型，以圆柱形单元模拟焊核，适用于薄板之间的连接。螺栓与螺母连接，一般是将两个带孔的零件固定在一起，螺栓连接存在预紧力，因此在设置时预紧力不宜过大，否则可能会造成断裂。胶粘连接的强度虽然低于前两种连接方式，但是也有其独特的优点：首先，胶粘能够连接两种不同的材料；其次，对于接触面小且形状复杂的部件，胶粘连接是常用的方法，这种方式的密封性好，能够避免部件被腐蚀，绝缘性也好。其缺点是在长时间高温状态下连接可能会脱落。

在电池包模型中，电芯和底护板通过胶粘连接在一起，上、下壳之间通过螺栓和焊点连接。图 7.4 为电池包中的焊点连接和螺栓连接。外壳边缘的许多孔通过添加刚性单元模拟螺栓，约束电池包的 6 个自由度。

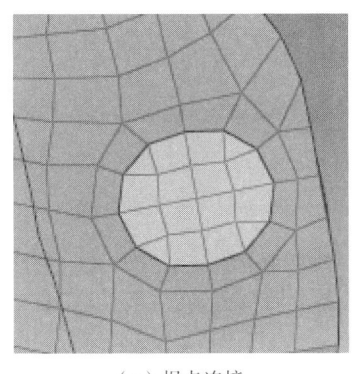

（a）焊点连接　　　　　　　（b）螺栓连接

图 7.4　不同的连接方式

图 7.5 为胶粘连接，选中需要胶粘的两个面，然后创建一个面。在接触属性中，将其设置为 tie 接触类型，并赋予粘胶系数和强度，以实现两个面的胶粘连接。在电池包模型中，电芯与底护板之间的连接方式就是胶粘连接。

图 7.5　胶粘连接

挤压头与底护板连接方式如图 7.6 所示。在此设置中，创建了接触的主面和从面，并设置了接触属性，包括摩擦系数，以确保挤压头与底护板之间的正确接触。

图 7.6　挤压头与底护板连接方式

电池包的边界条件采用螺栓模拟电池包固定在底盘上，如图 7.7 所示。

图 7.7　模拟电池包固定在底盘上

5. 赋予材料与属性

电池包模型中的各部分材料各不相同，因此需要为每个部分赋予对应的材料。此外，泊松比和弹性模量等参数也必须提前确定。各部分的材料属性卡片如图 7.8 ～图 7.10 所示。

Name	Value
Card Image:	MATL1
Type:	Regular
Fluid_Option:	☐
Title:	☐
Rho:	3e-09
E:	90.0
PR:	0.3
DA:	
DB:	
BULK:	

图 7.8　电芯材料卡片

图 7.9 电池包外壳材料卡片

图 7.10 挤压头材料卡片

最终得到的电池包网格模型如图 7.11 所示。

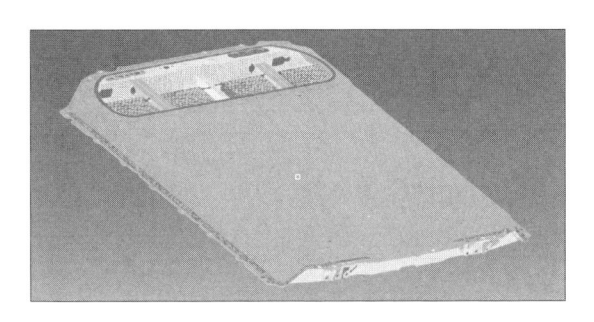

图 7.11 电池包网格模型图

7.2 某新能源 SUV 电池包碰撞仿真及优化

7.2.1 直线托底碰撞试验简介

由于现实生活中的路况非常复杂，新能源汽车的电池包一般安装在汽车底面，很容易受到外界环境的影响。例如，道路上的障碍物、减速带、路缘等都会造成新能源汽车托底碰撞，使电池包受损，影响汽车的正常运行。更为严重的是，这可能会造成电池短路，引发火灾及爆炸，威胁乘客和驾驶员的生命安全。因此，在新能源 SUV 的开发过程中，不断地进行直线托底碰撞仿真试验，以判断电池包碰撞后的损伤情况，从而进行优化设计和改进，增强了新能源 SUV 的抗碰撞能力。

在实际路况下，可能会遇到不同形式的碰撞，下面分开探讨。

（1）汽车在平面路面上行驶时，遇到障碍物剐蹭汽车底盘，对电池包造成损害。

（2）车辆上、下坡过程中，由于路面高度不一致，对电池包底部造成磕碰。

（3）汽车行驶偏离原来的路线，被旁边的路缘或石墩剐碰。

本书研究的直线托底仿真是模拟 SUV 在正常行驶状况下遭受水泥障碍托底的路况，对模型进行仿真分析，记录电芯及外壳的形变量以及应力分布情况，验证电池包模型是否符合要求。若不符合，则需要对其进行优化改进。

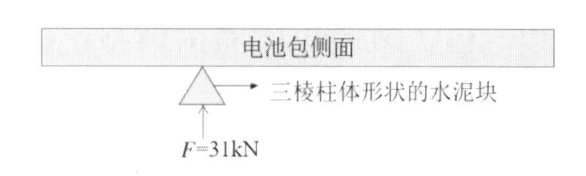

7.2.2 直线托底碰撞仿真试验

直线托底碰撞仿真试验工况如图 7.12 和图 7.13 所示。其中，使用三角柱体来模拟路面上的水泥路障，对电池包底部施加一个 31 kN 的挤压力。通过 HyperMesh 软件对其进行仿真，得出试验结果并进行分析。

图 7.12 直线托底碰撞仿真试验工况图

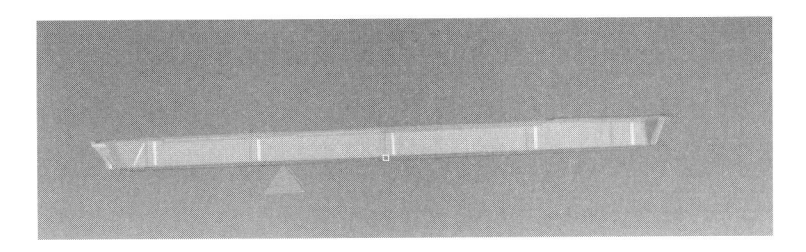

图 7.13 直线托底碰撞仿真模型侧视图

直线托底碰撞仿真结果如图 7.14～图 7.17 所示。

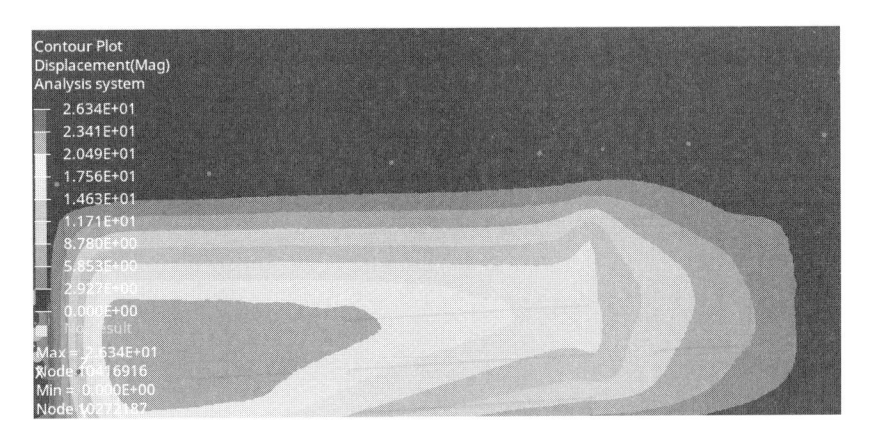

图 7.14 电池包底护板侵入量云图

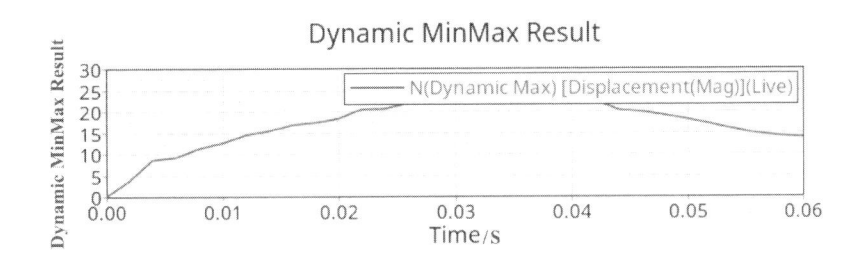

图 7.15 底护板侵入量随时间变化的曲线

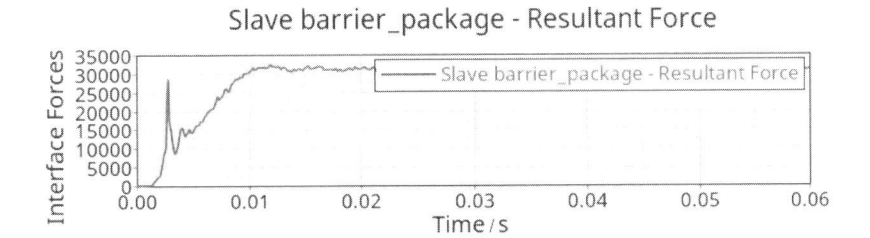

图 7.16 底护板应力曲线图

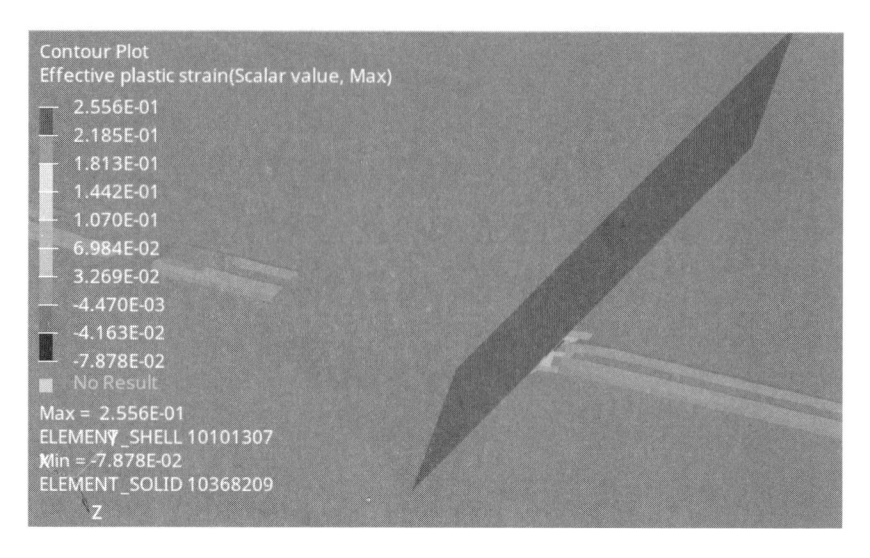

图 7.17 底护板塑性应变云图

根据图 7.14，在此工况下底护板的最大侵入量为 26.34 mm，且在托底过程中，侵入量随时间先增大后减小。刚开始加载时，应力会迅速增加，因为电池包底部开始承受水泥块施加的载荷。这个阶段的应力变化通常是线性的，与加载速率有关。当电池包底部结构受到稳定的托底载荷，并且变形趋于平稳时，应力变化也会趋于平稳。塑性应变也集中在挤压头附近。

侵入量和护板的材料属性与结构有很大关系。根据查询得到的电池包底部托底试验标准。电池包壳体无明显变形，加载过程中壳体最大侵入量小于 25 mm。因此，对于这个结果，可以对电池包进行优化，使其在相同的工况下能够更好地保护内部部件，增强壳体的性能。

7.2.3 根据结果对电池包进行优化设计

1. 设计要求

（1）在发生碰撞时，电池单体不能发生松动，避免从车内掉出。

（2）电池包在受到碰撞时，底护板应该有足够的强度保护内部的重要部件。

（3）在电池包内部空间足够的前提下，电芯之间应保留一定的间隙，以应对电池工作时可能发生的膨胀。

（4）电池包要满足防水要求，以应对多变的外界环境因素。例如，汽车涉水时，必须保证电池包内部不能进水，同时保证良好的散热性，使电池包能够长时间正常运行。

上盖主要起到密封防护作用，受外界影响几乎可以忽略。上盖可以使用较薄的钢板冲压制作，且四边的平整度要求较高，以增强电池包的密封性。

下箱体是碰撞过程中的主要受力部件，容易受到破坏，因此要采用刚强度高的材料制作。箱体内应设置隔板和支架，以确保在汽车运行过程中电芯等部件不会产生位移，以免部件受到破坏。

2. 优化

（1）优化材料。

1）增加了电芯中间隔板的长度，使其延伸至电池外壳。

2）更换电池包外壳材料，将其替换成局部强度为 454 MPa 的高强度钢。

（2）优化原因。

1）图 7.18 显示，增加了电芯中间隔板的长度，使得电芯中间部分与电池包外壳连接，分散电池底部受到的水泥块托底压力，减少水泥托底对电池底部外壳局部带来的集中挤压力，从而减小电池包的形变。

2）图 7.19 显示，更换了电池包外壳材料，将其替换成局部强度为 454 MPa 的高强度钢，增加电池包外壳的整体强度，加强电池包外壳的抗弯效果。

图 7.18 增加的隔板

图 7.19　更换的 454MPa 高强度钢的材料卡片

7.2.4　电池包优化之后的仿真结果

对电池包优化之后再次进行直线托底仿真，得到的结果如图 7.20～图 7.22 所示。

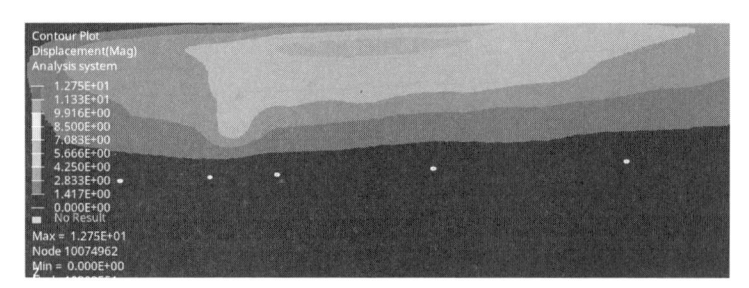

图 7.20　优化之后的底护板侵入量云图

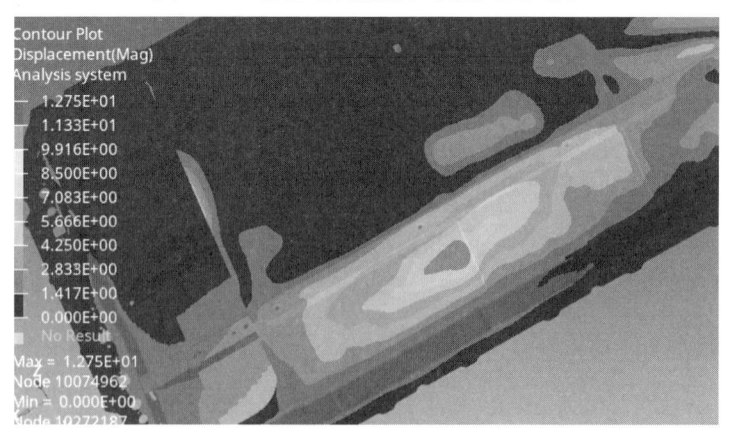

图 7.21　优化之后的上壳侵入量云图

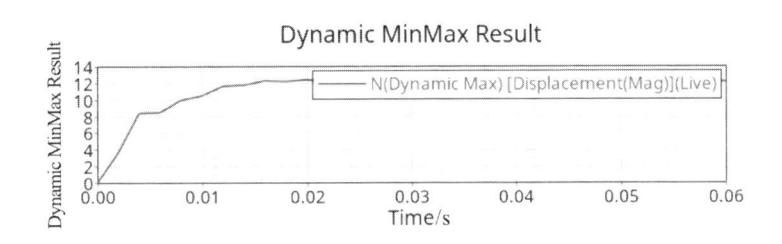

图 7.22 优化之后的侵入量随时间变化的曲线

根据优化后的仿真结果与之前的对比可得，电池包的优化效果显著。最大侵入量由之前的 26.34 mm 减少到 12.75 mm，且主要分布在电池包的上壳，这说明优化显著提升了电池包底部的抗碰撞性能。由于上壳较薄，因此侵入量较大。总体来说，下壳体满足相关标准，大大降低了碰撞导致内部部件损伤的可能性。因此，本优化对电池包的抗碰撞性能是有益的，可以为后续电池包的研究提供参考。

7.3 本章小结

本章以某企业提供的 SUV 电池包相关数据为基础，采用 UG 软件建立电池包的几何模型，并利用 HyperMesh 建立网格模型。之后，对电池包底部进行直线托底仿真，得到电池包底部碰撞后的侵入量云图、侵入量曲线和应力曲线等，并进行分析。同时，对电池包进行优化设计，并对优化后的电池包再次进行直线托底碰撞仿真。优化后出的结果与优化前对比，侵入量由 26.34 mm 减少到 12.75 mm，优化后的电池包抗碰撞性能及安全性都有所提升，可以为后续电池包的研究提供参考。

第8章 电池包底部结构设计与球击仿真分析

8.1 某新能源 SUV 电池包模型建立

以某企业提供的某新能源 SUV 电池包为对象，首先建立该电池包的几何模型，然后在此基础上，建立电池包的有限元模型，为后续的球击仿真分析提供模型基础。

8.1.1 某新能源 SUV 电池包几何模型建立

1. 电池包结构构成

本章中的数据来源于某企业正在研发的新能源 SUV 所配备的电池包。该电池包采用"滑板"式结构布局，装设在车辆底盘上部并与其融为一体。其结构包括壳体、内部模组隔板、电池模组、散热系统、电池管理系统和结构支撑件等，如图 8.1 所示。

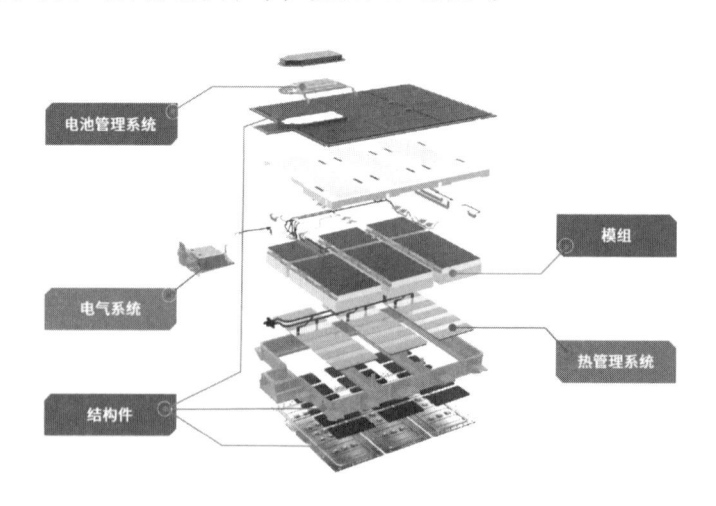

图 8.1 电池包结构

电池包内部元件繁多，为了实现电池包各层互不干涉且满足安装固定需求，设有隔板承担维持电芯与箱体、结构件间稳定的功能，一般要求隔板刚度足够且重量较轻。电池箱体的内部隔板多以贯通的截面梁和管状梁方式布置，电芯的安置区域及各类配件位置由交错的横梁、纵梁划分而成。电池管理系统要求其位置和布局与电池单体协调一致，确保其能够追踪控制电池的工作情况，防止过热、电压异常等情况影响电池的稳定工作，保证整个电池系统的安全性和可靠性。

电池包壳体由密封盖和底护板组成，密封盖通常由塑料等韧性较低、质量较轻的复合材料制成，主要起密封、防止电池裸露在外的作用，对电池包整体结构刚度和强度影响较小。下箱体是电池模组的支撑结构，履行防护和固定电池模组、其他系统的作用。

为提高箱体的安全性和可靠性，一般还要进行结构优化，在下箱体底部焊接横梁和纵梁提升刚度。电池包壳体主要通过螺栓紧固件、焊接等方式连接。在本书中，电池包的底护板与密封盖之间还采用胶水粘接，隔板焊接在下箱体内部。数个单体电池构成一个电池模组，多个模组平行分布在电池包箱体内，单个模组由隔板固定。

2. 模型简化

总体而言，电池包结构复杂、零部件种类众多、电芯单元体积小且数量多。如果对电池包的所有元件进行建模，会造成网格划分困难、单元数量指数增长等问题。最终导致计算数据过于复杂，出现误差甚至无法进行，所以，在建模前需要对电池包进行简化。结合本书工作重心，总结出以下模型简化的方法。

（1）剔除电池包内部非受力或微力作用的结构部件（如电池管理系统、PCS冷却管、线束和电路板等结构）。避免在进行网格划分时，由于结构过于复杂而导致网格翘曲度和偏斜度过大，从而降低网格质量，影响计算时的效率及精度。

（2）对于电池模组部分，作为电池包结构核心与整体质量的重要组成部分，内部电芯单元多且烦琐。若进行详细建模，则可能导致计算量过大，增加计算成本；但若以简单质量点代替电池模组，则会影响电芯与内部隔板、缓冲板，上、下壳体之间力的传递精度。因此，本书将电池模组简化为重量相当的简单几何实体。

（3）对电池包一些用于线束布置、释放压力、通风散热的直径过小的孔洞进行填补处理。动力电池包结构简化后的等效模型如图 8.2 所示。

图 8.2　动力电池包结构简化后的等效模型

总而言之，本章对电池包的电池模组、液冷板、密封盖、底护板和缓冲板等进行建模仿真，其他的电器设备略去。

8.1.2　某新能源 SUV 电池包有限元模型建立

碰撞仿真分析既烦琐又耗时，它涉及物体间复杂的物理相互作用，包括动量、能量和力的传递。为了精确地模拟碰撞过程，需要利用高质量且规模庞大的网格来准确捕捉物体的形状、边界和细节。这一要求导致网格数量级的显著增加，从而增加了求解的难度。而 HyperMesh 具有独特的 1D、2D 和 3D 单元结合方法，能够得到可接受的网格数量级和求解效果。本次仿真采用了 HyperMesh 进行前处理，大致流程如图 8.3 所示。

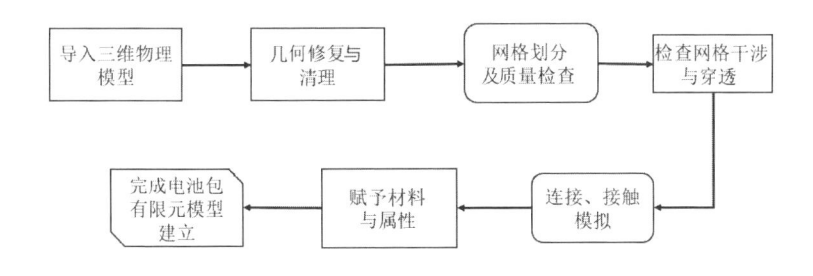

图 8.3 HyperMesh 前处理流程图

1. 几何修复与清理

在将模型导入 HyperMesh 的过程中，可能会因软件接口的差异导致文件格式不兼容，从而丢失某些几何信息。这可能表现为丢失面、重复面或产生缝隙等问题。这些问题会严重影响几何模型的完整性或重叠，进而极大地妨碍中面抽取操作的进行，最终影响到壳单元的建立。因此，在进行网格划分之前，有必要对几何模型进行修复。

在 HyperMesh 中，通常通过特征线的颜色来判断曲面是否正常。黄色的 T 形边表示有两个以上的面通过此边。由于模型的一个边只能与两个面相连以形成闭合体，因此，黄色边的出现通常意味着存在重复面。在 HyperMesh 中，可以通过选择 Geom 菜单下的 Defeature 选项中的 Duplicates 功能来搜索并高亮显示重复面，然后进行手动删除。红色的自由边表示它只与一个面相关联，这在大多数情况下可以被视为存在缝隙或孤立片体。

对于尺寸较小的缺失曲面，可以在 HyperMesh 的 Geom-Edge Edit 工具中使用 Toggle 和 Replace 功能，并适当设置容差值进行修补。若缺失的曲面较大，则需手动创建新的曲面以进行修复。

通常，三维模型是基于实物构建的，其结构可能呈现出多样化的形态，或尖锐，或杂乱，或扭曲。在进行网格划分的过程中，这种结构的复杂性可能导致操作上的困难，强制划分可能会引起网格的扭曲、变形或不合理的纵横比，从而降低网格的质量。因此，为了更好地满足分析的需求，需要对模型进行优化处理。几何清理是一种使几何形状变得更加规整的优化操作，便于网格的划分。在这个过程中，通常会去除那些对分析结果影响不大的几何特征。

将电池包的几何模型导入 HyperMesh 后，需要对电池包模型进行几何清理，可酌情去掉一些小倒角、小圆角等不影响或极少影响碰撞仿真结果的结构，以降低网格划分难度。几何修复与清理完成的电池包如图 8.4 所示。

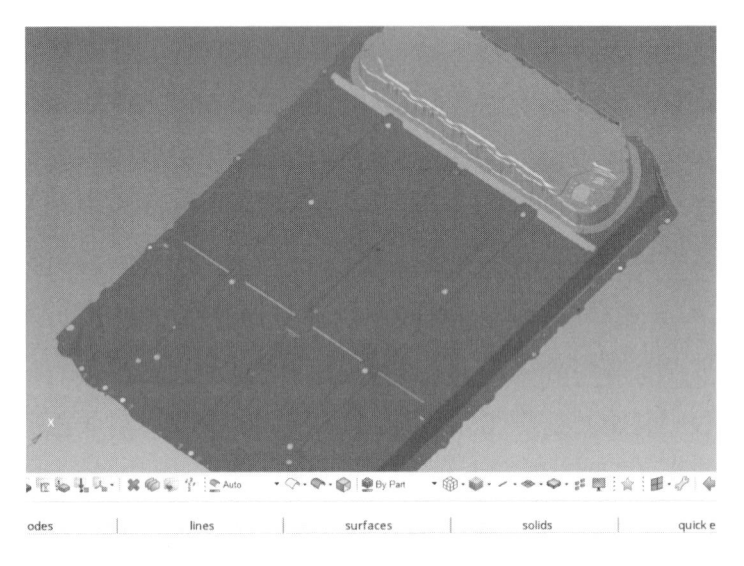

图 8.4　几何修复与清理完成的电池包

2. 网格划分

电池包的上盖为 0.8 mm 的深冲铝合金材料，下盖为 3.25 mm 的铝合金材料。基于壳单元在冲击中具有足够的自由度来展现薄壁结构的受力变化，如表面变形、厚度方向的屈曲等优点，上、下盖钣金件均采用壳单元进行网格划分。其他元件如电芯模组、隔板采用六面体实体单元。

在划分网格时，电池包外壳采取抽取中面操作，即在壳体中间部分创建一个层，生成面单元。随后，在面上绘制 2D 网格完成壳网格划分。网格类型主要采用四边形壳单元，在交界处允许出现三角形网格。为了提高单元质量，在孔部分等复杂区域，可以采用 Mesh–Insert–Method–Sweep 方法切分扫掠，以加密网格避免出现应力集中现象。同时，还需确保孔周围网格节点数为偶数，避免使用三角形网格。对于电池包的倒角部分，如果其尺寸小于网格质量标准中规定的最小边长，那么就绘制一列网格。当倒角的半径大致等同于网格标准大小，并且超出最小边长的两倍以上时，则应当绘制两列网格。处理的孔、倒角网格如图 8.5 所示。

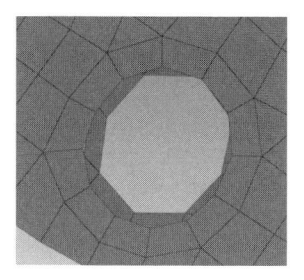

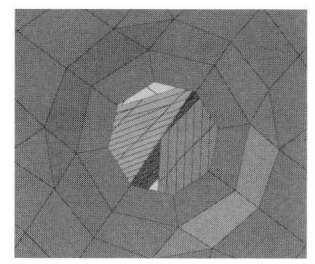

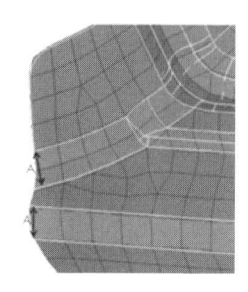

图 8.5　孔、倒角网格划分

通常情况下，采用更细致的网格可以更准确地描述结构的几何形状和物理属性，从而提高计算精度。但如果网格划分过于频繁，可能会造成模拟仿真的不稳定；多个单元误差叠加，影响结果准确性并增加了求解计算时间。因此，这里的网格大小选择 5 mm，兼顾精度要求和时间成本。本次网格划分网格单元数为 353419，节点数为 319444。划分好的电池网格模型如图 8.6 所示。

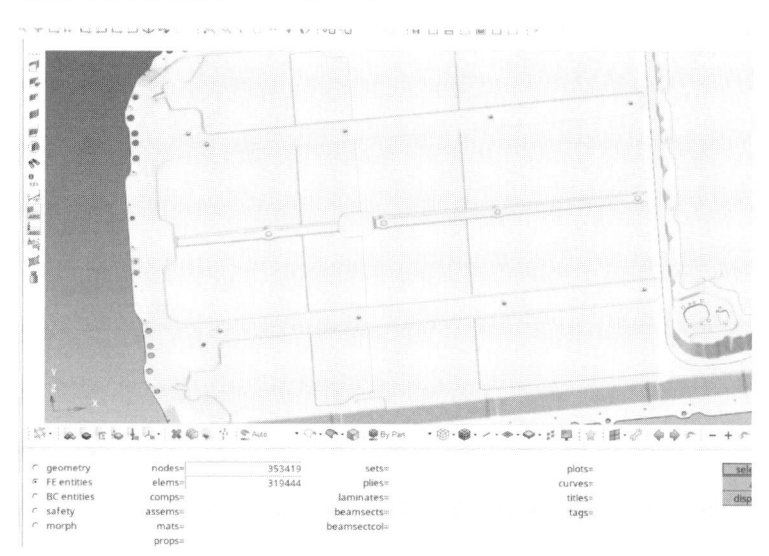

图 8.6　电池包网格划分图

3. 网格质量检查

通常来说，网格质量的好坏直接影响计算结果精确性。在 CAE 中，有一套标准的网格质量评判标准，其中包括 Aspect Ratio（网格纵横比）、Warpage（翘曲度）、Min Length 和 Max Length（最小长度和最大长度）、Min Angle 和 Max Angle（最小角度和最大角度）、Skew（扭曲度）、Jacobian（雅可比）、% of trias（三角形单元百分比）等指标。

Aspect Ratio 评价网格的拉伸程度，即单个网格中最长边与最短边之比。质量标准在 1～5，如图 8.7（a）所示。

Warpage 是指单个网格单元脱离平面的程度，如图 8.7（b）所示。四边形网格可以从对角线划分为两个三角形，这两个三角形所对应的锐角就是这个四边形网格的翘曲度。网格质量要求其不得超过 12°。

Max Length 和 Min Length 描述所有单元边中的极限尺寸。

Min Angle 和 Min Angle 是网格内角的度数范围，四边形要求 40°～135°，三角形要求 30°～120°。

Skew 如图 8.7（c）所示，也称偏斜度。对于三角形单元，数值上由 90° 减去每个角中线与两邻边中位线形成的最小夹角；对于四边形单元，其扭曲度计算方式为 90° 减去两条中位线夹角的最小值。扭曲度通常控制在 0°～60°。

Jacobian 评价一个网格形状规整程度。四边形网格的标准是正方形，三角形网格的标准是等边三角形。用数值衡量的范围是 0～1，质量标准要求的范围是 0.6～1。

$$\text{Aspect Ratio} = \frac{\sqrt{3}a}{2b} \qquad \text{Aspect Ratio} = \frac{\max(a,b)}{\min(a,b)}$$

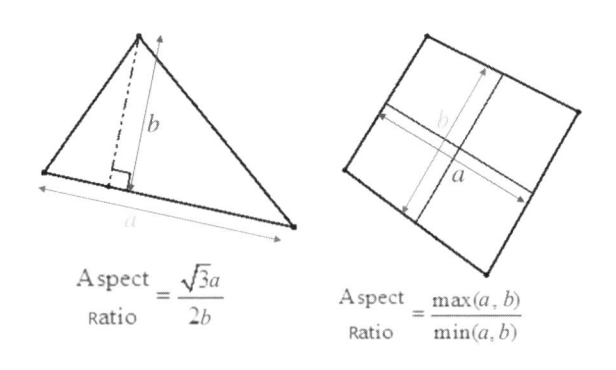

（a）纵横比示意图

图 8.7 评判项目示意图

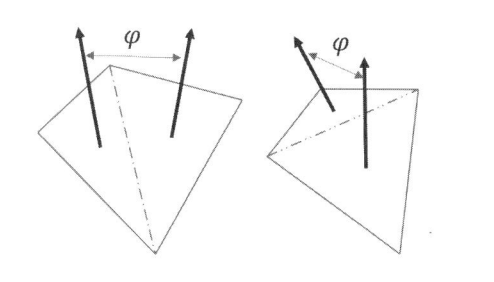

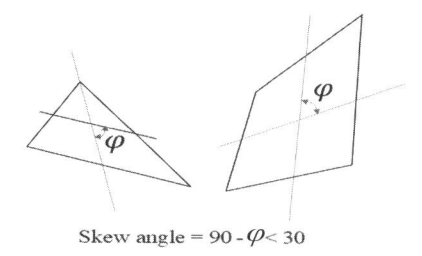

（b）翘曲度示意图　　　　　　　　　（c）扭曲度示意图

图 8.7（续）

％of trias 表示三角形单元所占整个模型网格数量百分比。电池包网格质量标准见表 8.1。

表 8.1　电池包网格质量评判标准

评 判 项 目		标准值
Aspect Ratio		5
Warpage		12
Max Length		12
Min Length		4
Quad	Max Angle	135°
Quad	Min Angle	40°
Tria	Max Angle	120°
Tria	Min Angle	30°
Skew		60°
Jacobian		0.6
％ of trias		10％

通常来说，满足表 8.1 标准才是高质量的网格。为了达到所需的模拟精度，必须进行多轮的网格优化和细化。除了单个网格符合标准外，还需要检查网格的连续性、干涉现象、穿透情况等，即网格是否在几何实体内部相互交叠或者与其他几何实体相交，网格是否穿过了几何实体的表面，导致物体内部空间被网格覆盖。这些条件均满足后，网格模型才能精确模拟电池包在碰撞中的形变情况。

4. 连接与接触

电池包的密封盖与底护板均为一体冲压的钣金件,二者主要通过焊接、螺栓与胶水粘接连接。在 HyperMesh 中,焊接采用 ACM 单元模拟,对应关键字如图 8.8(a)所示。本次分析中,螺栓结构不关心其具体受力情况,只用于传力,选择用两个 RBE 单元抓取上、下盖圆孔一圈节点,中间采用一个梁单元模拟连接,如图 8.8(b)所示。

除此之外,鉴于电池内部含有易损的电子元件和化学材料,焊接过程中的高温可能会对其造成损害。同时,为了便于后期维修,电芯与缓冲板、隔板、液冷板之间均采用胶水粘接。在实际操作中,使用 HyperMesh 中的 Surface 功能,分别选中需要胶粘的表面,创建相应的接触表面。在定义接触条件时,选择适当的接触类型(如 Tie 接触),并为胶粘接触定义胶粘系数、接触强度等参数。如图 8.8(c)所示。

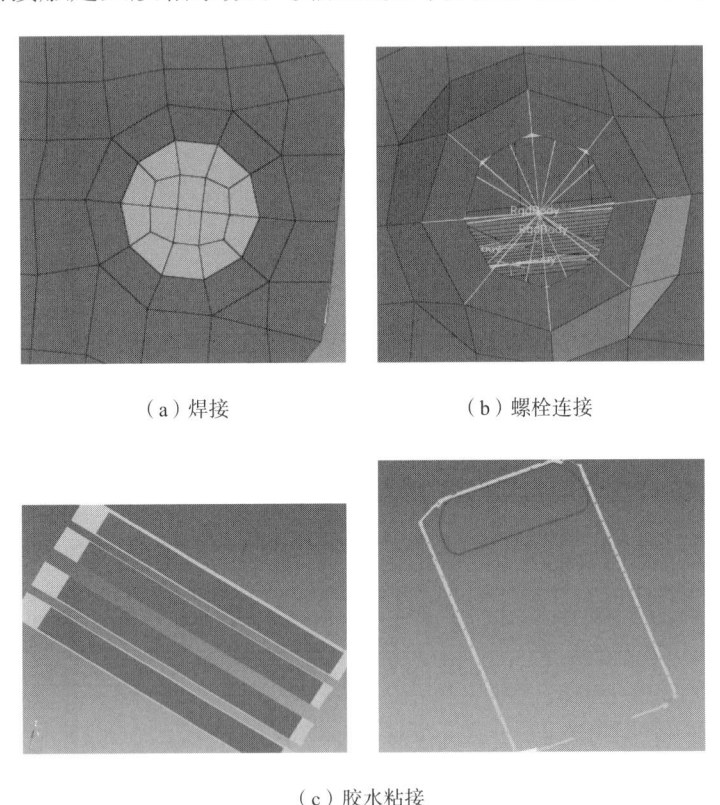

(a)焊接　　　　　(b)螺栓连接

(c)胶水粘接

图 8.8　连接方式

在本次球击碰撞过程中，需要模拟撞击头与电池包下壳的接触。这里采用 automatic surface to surface 方法将球作为主面，底护板作为从面。在碰撞过程中，电池包内部的各元件之间也可能发生接触，鉴于无法预知具体的接触部件，所以对整个电池包施加自接触。查阅相关资料，电池包球击仿真中自接触的动、静摩擦系数为 0.2。对应的关键字为 contact_automatic_single_surface。电池包的边界条件采用螺栓模拟电池包固定在底盘上的情况，约束其 6 个自由度，如图 8.9 所示。

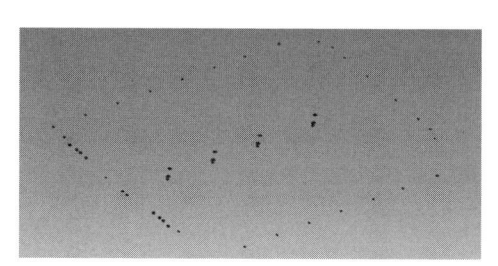

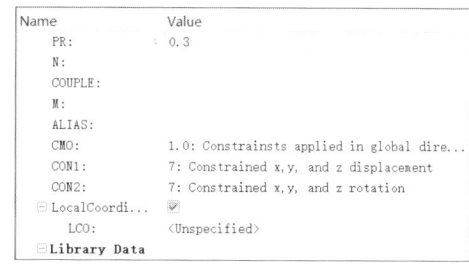

图 8.9 电池包边界条件

5. 赋予材料和属性

为了精确模拟电池包的物理性能，必须为有限元模型中的每个部件指定相应的材料属性。本次电池包模型中，密封盖和底护板均采用铝合金材料，尽管镁的含量不同，但碰撞响应的差异不显著，因此可以将它们视为同一种材料。电池包上、下盖连接方式为焊接，其也赋予铝合金材料属性。此外，电池包内部连接方式均为胶水粘接，胶水部分也要指定材料属性。本书进行简单碰撞仿真，相关材料的物理属性只需要添加弹性模量、密度、泊松比即可。各部分材料属性见表 8.2。

表 8.2 各部分材料属性

部 件	弹性模量/MPa	密度/(kg/m³)	泊松比	屈服强度/MPa
上下壳体	6.9E+4	2.69E-9	0.33	379
电芯	300	3E-9	0.3	
胶水	350	7E-10	0.25	
撞击头、缓冲板	2.1E+5	7.352E-9	0.3	
液冷板	8.89E-9	1.15E+5	0.34	

在属性赋予操作中，由于本书中箱体采用壳单元离散，因此在定义壳单元属性时，就需要在 Card Image 界面选择 Pshell，并进入壳单元属性的操作面板对其赋予相关参数。此外，还需在此界面为壳单元指定厚度，其中密封盖厚度为 0.8 mm，底护板的厚度为 3.25 mm，液冷板的厚度为 1 mm。对于电芯、胶粘部分，则赋予 PSOLID 属性。将之前建立好的材料卡片应用于箱体和缓冲板后，相应的属性卡片也赋予对应的结构。以密封盖为例，先赋予其材料卡片，再赋予属性卡片。具体操作如图 8.10 所示。完成材料与属性赋予操作后，有限元模型搭建完成。

（a）材料卡片创建　　　　　　　　（b）属性卡片

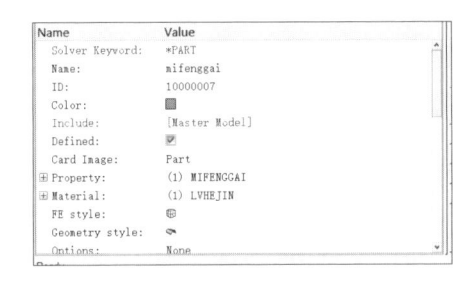

（c）赋予上盖材料、属性

图 8.10　属性材料赋予

8.2　某新能源 SUV 电池包球击仿真分析

8.2.1　球击仿真介绍

在日常驾驶中，车辆会遇到各种路面状况。特别是在通过崩塌或坑洼的路面区域时，电池包底部可能会因路面的高凸起而受到突发冲击。这种强大的冲击力可能导致电池包的底护板和缓冲板发生形变，甚至损坏电池模组，从而影响车辆的正常行驶。

在球击仿真中，可以设定不同的碰撞参数，如碰撞速度、角度和碰撞物体的质量、形状等，来模拟这些复杂的路面碰撞情况。通过计算电池包整体在碰撞中的受力情况，包括应力分布、变形程度等。这些数据可以评估电池包的结构强度、抗冲击性能以及可能的损伤情况。

通过球击仿真，可以更好地了解底板在碰撞或撞击情况下的工作状态，为设计和优化提供重要参考。目前，世界各地的车辆厂家都采用仿真结果来优化底护板的材料选择、厚度和结构设计，以提高其抗冲击能力和安全性能。

总体而言，球击仿真在电动汽车领域的应用可以协助设计工程师评估电池包底板在碰撞冲击情况下的性能，为结构设计优化提供指导，以提高车辆的安全性能。

2021年中国汽车工程学会发布了行业标准《纯电动乘用车底部抗碰撞能力要求及试验方法》（T/CSAE 244—2021）。依据此标准，本次球击选用的撞击头前端为半球形，头部尺寸为25 mm，撞击头质量为10 kg。以120J的能量分别垂直球击电芯中点及头部在电池包底护板的投影位置。经过计算得出，撞击头需以4.9 m/s的速度撞击下盖，如图8.11所示。在软件中赋予小球相应速度，设置好求解步后，利用LS-DYNA求解器进行计算。

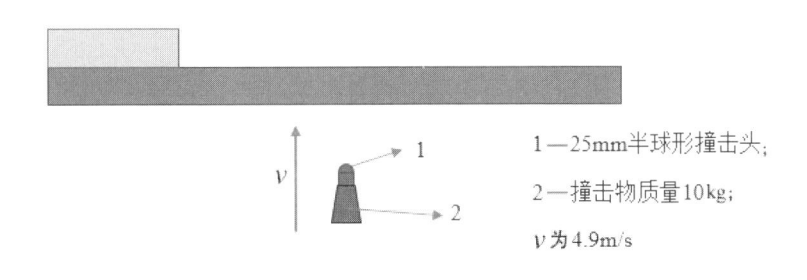

图 8.11 球击示意图

8.2.2 球击结果分析

根据2021年行业标准，在电池包遭受底部冲击时，要求电池包的外壳不得出现裂纹，以确保电芯功能不受影响。球击电芯中点投影区域形变云图如图 8.12 所示。

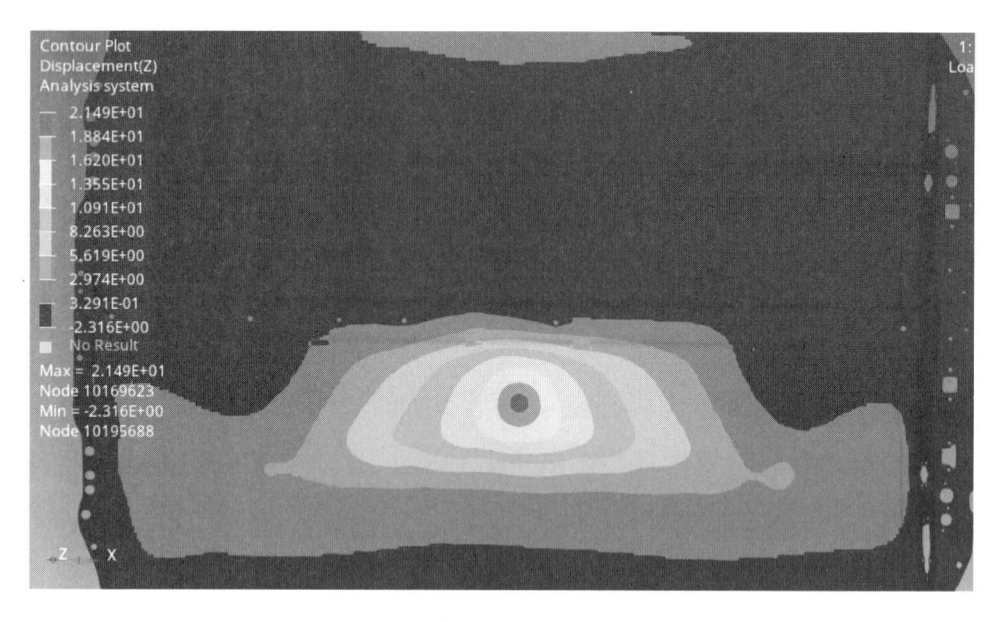

（a）底板弹性形变云图

（b）电池模组弹性形变云图

图 8.12　球击电芯中点投影区域形变云图

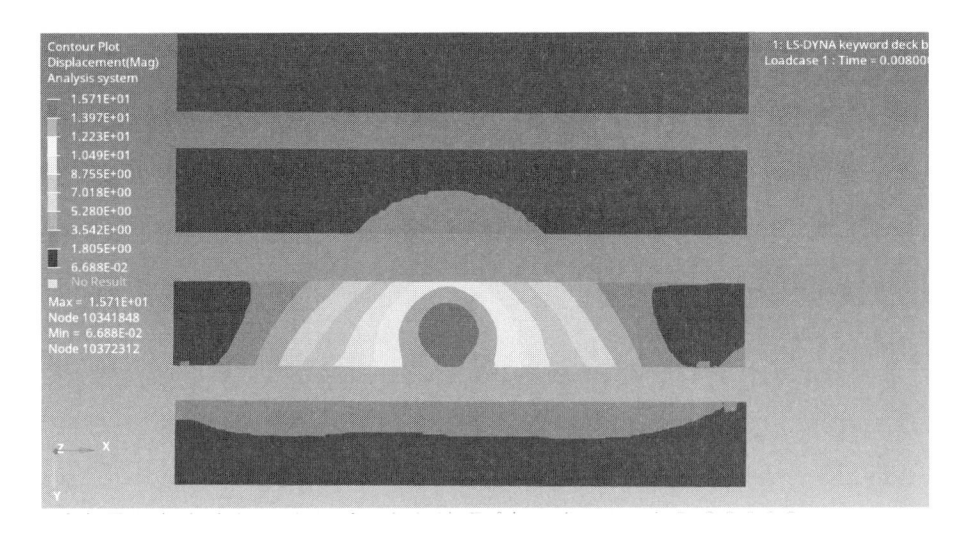

（c）液冷板弹性形变云图

图 8.12 （续）

根据 2021 年行业标准，目前尚未有准确的数据量化指标。依据《电动汽车和动力电池底部安全测试方法的改进》的规定，电池包底部球击工况的指标应设定为：壳体最大侵入量不超过 25 mm，永久变形量不超过 3 mm[81]。此外，结合《电动汽车电池包整车坠落球击试验仿真研究》中的规定，如果电池模组内部的电芯单元引起的形变不超过 5%，则认为是在可接受的范围内[75]。

由图 8.12（a）可知，小球撞击处局部凹陷、电芯投影部分的底板在 2/3 范围内均产生形变，最低为 2.97 mm。重点分析凹陷处，可见电池包底壳弹性形变为 21.49 mm，底壳侵入量满足标准。液冷板弹性形变为 15.73 mm，电芯弹性形变为 20.54 mm。考虑到电芯厚度为 86 mm，此次电芯弹性形变已超过 23%，远远高于 5% 的标准。本次撞击侵入量已严重影响电池模组及液冷板的功能完整性。

电芯未能达到标准的原因可能是防护装置依赖底护板与 1 mm 厚缓冲板吸收冲击。本书的电池包从下到上的结构依次为底护板、缓冲板、电芯、上液冷板、密封盖。在优化时，应考虑添加额外防护结构。

塑性应变云图如图 8.13 所示。由图 8.13 可知，电芯的塑性应变为 0.063，底护板的塑性应变为 0.089，液冷板的塑性应变为 0.013；电芯材料的破坏应变为 10%；底护板的破坏应变为 44%；液冷板的破坏应变为 60%。可见其壳体均未破损。

本次碰撞损伤分析结果显示，电芯、液冷板侵入量过高，影响了正常工作性能。尽管如此，它们的外壳并未出现任何破损。

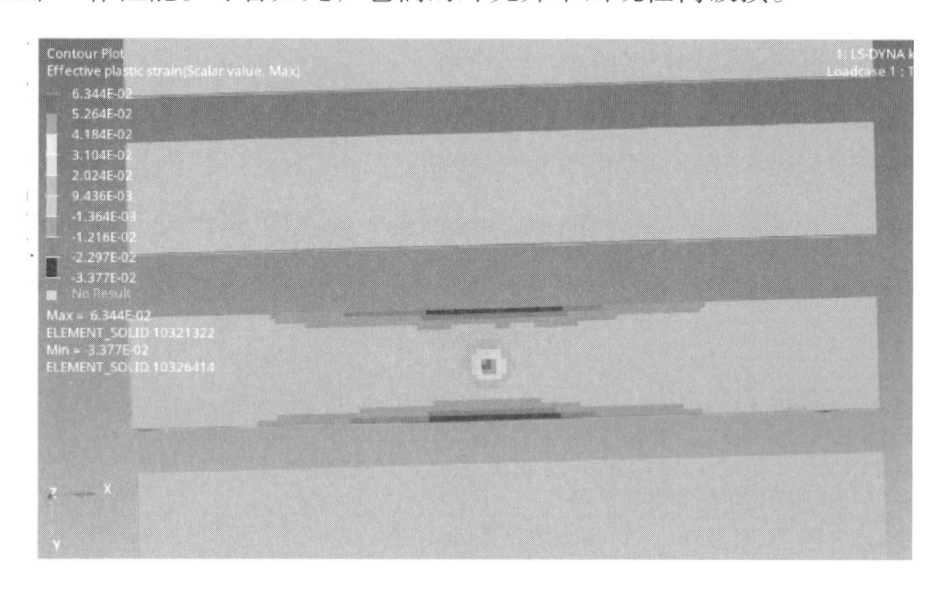

（a）电芯塑性应变

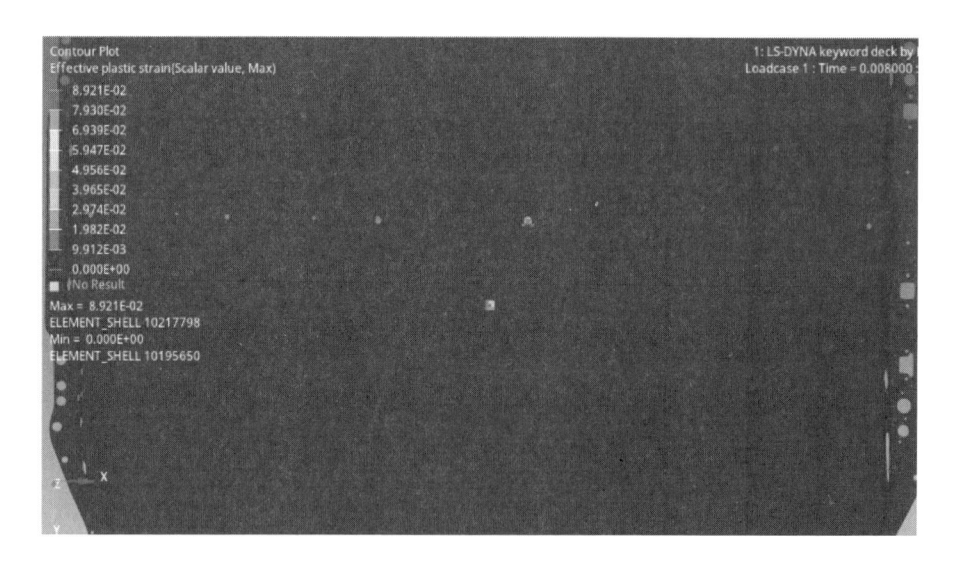

（b）底护板塑性应变

图 8.13　塑性应变云图

（c）液冷板塑性应变图

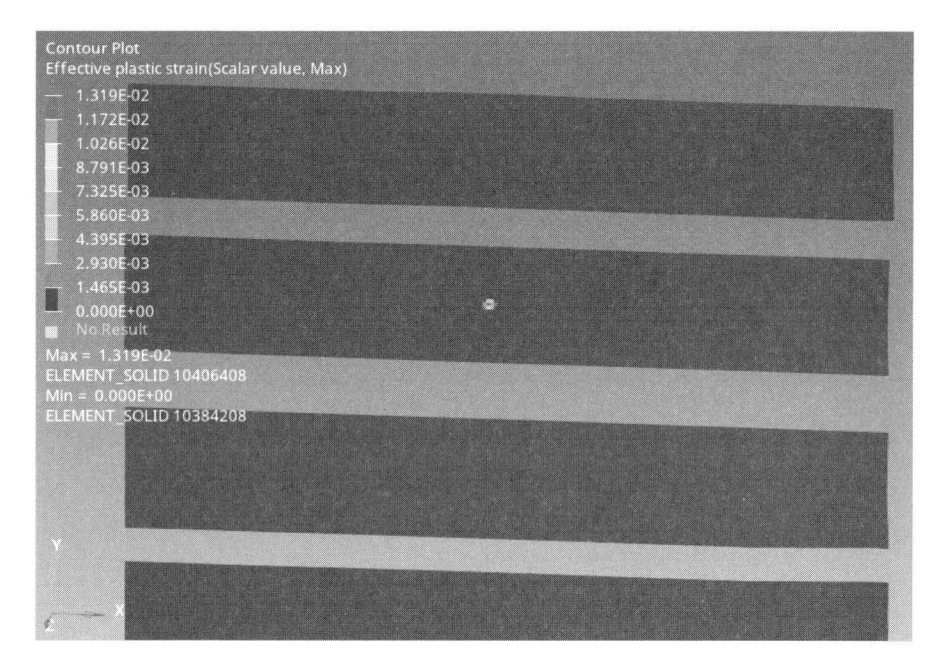

图 8.13 （续）

头部撞击形变云图如图 8.14 所示。由图 8.14 可知，撞击电芯头部侵入量情况与电芯中点处基本相同，底护板为 21.72 mm，电池模组为 20.72 mm，液冷板为 16.85 mm。

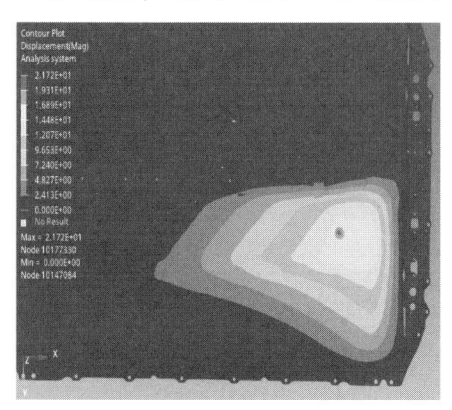

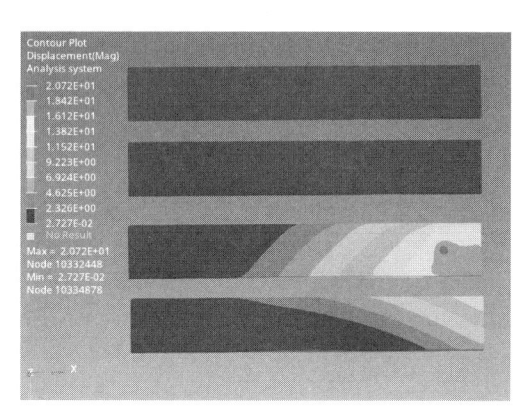

（a）底护板弹性形变云图　　　　　（b）电池模组弹性形变云图

图 8.14　头部撞击形变云图

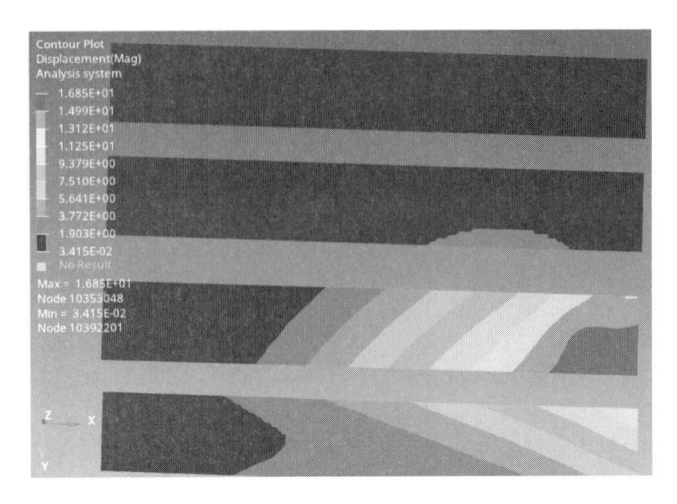

(c)液冷板弹性形变图

图 8.14 （续）

8.2.3 结构改进

电池包下箱体是整个电池包系统的核心承载部件，其结构设计的合理性直接影响电池包的使用寿命及在意外情况下的稳定性能。目前，下箱体结构的优化主要集中在耐撞结构、加强筋的设计以及内部模组隔板的改进上。

针对下箱体的耐撞击结构设计，由于道路条件的复杂性以及碰撞形式的多样性，无法确保设计出完全不可穿透的下箱体结构。当前的设计方向主要集中在两个方面：材料的迭代更新和结构的改进。大致的设计标准如下。

（1）选用高强度、轻质材料或复合材料，如铝合金、镁合金或碳纤维增强塑料等。要求是达到常态轻量化，并且碰撞时拥有足够的结构强度和刚性的综合体。

（2）采用特定的几何形状或吸能结构设计。在电池包底部添加凸起或者凹陷来改变冲击方向，将对电池包垂直方向的直接撞击扭转为损伤程度低的侧面碰撞。例如，采用蜂窝结构，其由许多六边形单元集合的空腔组成，具有轻质和高强度的特点，在碰撞时可以通过变形将动能转换为弹性势能来吸收能量。

在设计内部隔板时，除了需要满足固定和防护电池模组的基本功能外，还必须考虑到热管理的要求。通过合理布置通风孔或导热结构，可以有效提升热量的传导效率和散热能力。此外，为了满足维护和更换电池模组的便利性，隔板的设计应当具备模块化的安装和拆卸特性。

为了避免挤压和冲击变形的损害，同时遵循轻量化设计原则，采用局部加强筋的加强板设计受到重视。电池包箱体设置加强筋能够固定电池组阵列，在面对力学冲击下也能展现出优异的性能，提高箱体抗弯扭强度并改善其抗失衡能力。加强筋设计需要确定最小宽度（Minimum With）（推荐值为单元平均尺寸的 1.5～2.5 倍）、起筋角度（Draw Angle）推荐为 60°～70°、起筋高度（Draw Height）、起筋方向（Draw Direction）等参数，如图 8.15 所示。这些参数中，起筋角度和最小宽度决定了加强筋的形状，加强筋最小宽度决定顶部以该宽度为直径的圆。设计时尽量在保证箱体刚度的前提下，减少对空间的占用。

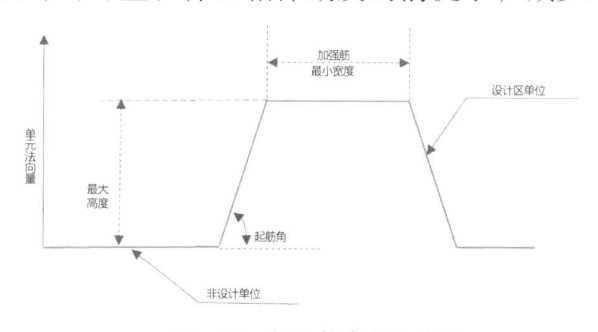

图 8.15 加强筋参数示意图

综合考虑，本书选择采用加强筋防护、PRM 补强贴片，以及抬高电池模组的策略。电池包底护板各个区域均有遭受撞击的概率，但若仅为了抵御撞击而在底护板整个区域添加防护结构，可能会得不偿失。过度的防护结构可能会影响电池模组的散热性能，占用有限的空间，影响其他组件的布局。查阅相关资料得出，电池包遭受撞击的主要位置是电芯投影区域。考虑到电池包的尺寸都比较大，长 2 m，宽 1.4 m，选择在电池包底护板上进行多点小规模的加强筋防护结构安装，力求在不过多占用空间的情况下，尽可能多地覆盖电芯投影范围。

综合加工难易程度与工程标准，加强筋最小宽度的设置为 10 mm；加强筋角度的设置为 60°。按照一般工程要求，加强筋的高度不应超过主壁厚的 2/3。电池包底板厚度为 3.25 mm。因此，定义起筋高度为 1.5 mm，以对电池模组产生较小的不良影响。施加的加强筋如图 8.16 所示。

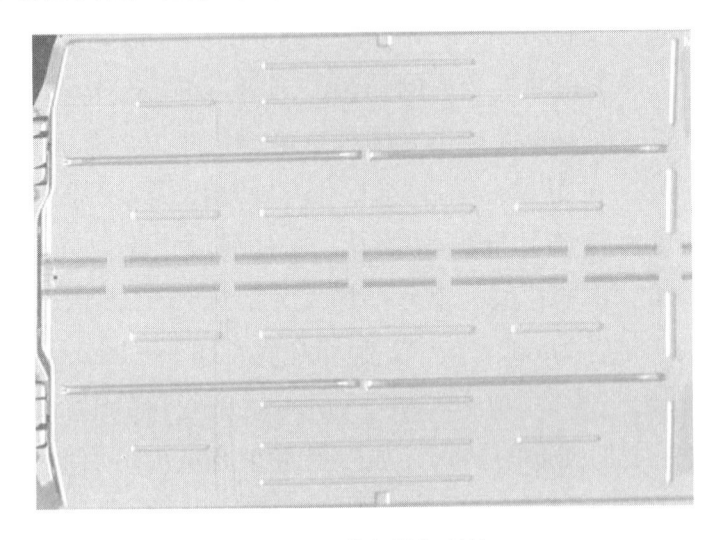

图 8.16 施加的加强筋

贴片采用 PRM 补强胶片（绿色部分），其由背衬（纤维增强布、铝箔等）和片状胶粘剂（以环氧树脂为主体材料）复合而成。经热固化后，牢固地贴在电池包底护板与缓冲板上表面，具体如图 8.17 所示。

图 8.17 缓冲板与贴片

电池包底壳与电芯之间仅通过单层缓冲板隔开。这种结构在受到机械冲击时，很容易对电池模组及液冷板造成损害。因此，本次优化在不影响电池包整体结构的情况下，通过对隔板添加凹槽以抬升电池模组，如图 8.18 所示。

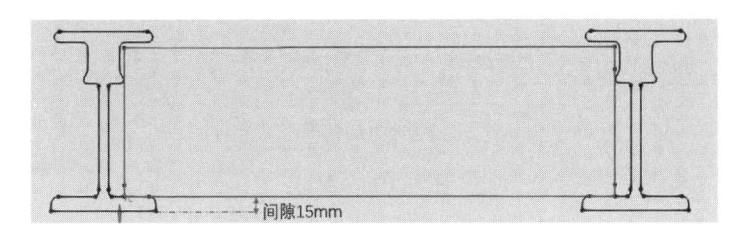

图 8.18　改进结构

总而言之，本次设计从添加加强筋、增加 PRM 补强胶片、抬高电池模组三方面入手。初次设计的简单示意图如图 8.19（a）所示，结构改进的简单示意图如图 8.19（b）所示，结构改进后的剖面图如图 8.19（c）所示。

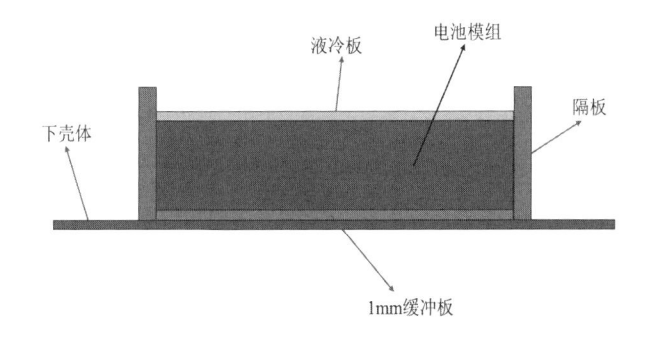

（a）初次设计的简单示意图

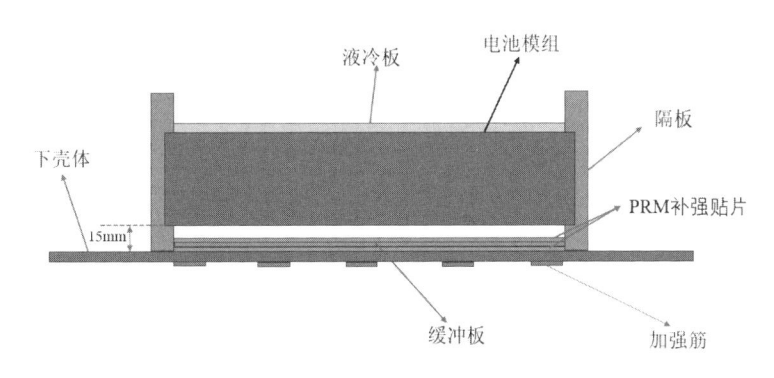

（b）结构改进的简单示意图

图 8.19　结构改进对比示意图

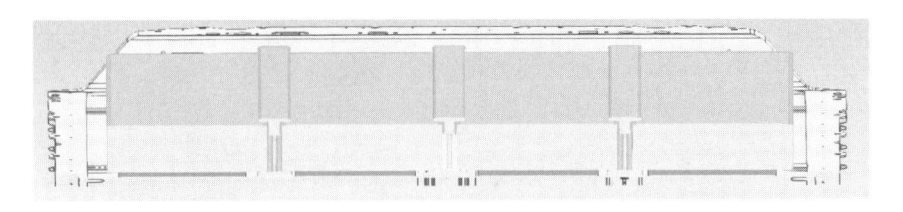

(c)结构改进后的剖面图

图 8.19 （续）

8.2.4 优化效果评估

为评估上述三重结构优化的防护效能，再次进行球击电芯中点测试并得到形变云图。本次分析专注于首次球击中不合格的电芯与液冷板侵入量。结果如图 8.20 所示。

由图 8.20 可知，添加贴片与加强筋、抬高电池模组后，电芯弹性形变由 20.54 mm 降低为 3.1 mm，液冷板形变由 15.73 mm 降低为 2.4 mm。侵入量大幅减少，满足规定标准，能够在底部冲击下保持正常功能。

综上所述，本次改进的防护结构在底部冲击测试中证明了其卓越性能。电池包在承受相当于 120 J 能量的球击时，仍能满足正常运作的标准。

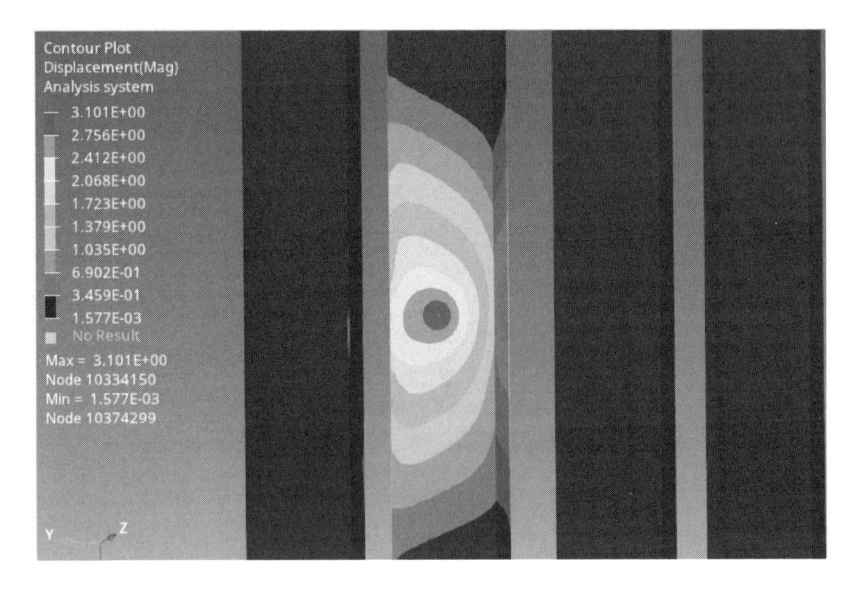

(a)改进后电芯弹性形变

图 8.20 结构优化后侵入量

(b)改进后液冷板弹性形变

图 8.20 （续）

8.3 本章小结

本章首先建立了新能源 SUV 电池包几何模型及有限元模型，介绍了电池包球击仿真的工况及所依据的标准，并对电池包进行了球击仿真。根据电池模组、底护板、液冷板的弹性形变和塑性应变数据，分析了电池包的正常工作能力及壳体损伤情况。结果表明，液冷板与电芯的弹性形变未能满足行业标准。随后，基于云图数据进行了结构优化，并进行了再次仿真。仿真结果证实，经过防护优化的电池包在承受相当于 120 J 的机械冲击后，仍能保持正常工作。

第 9 章 锂电池组液冷散热结构设计与分析

9.1 锂电池模组热模型

9.1.1 锂电池模组热模型的建立

针对某企业正在开发的纯电动汽车锂电池模组，内含 12 块单体电池，特选其一作为分析对象。通过 CATIA 三维建模软件，构建了这一模组的几何模型。在建模时，采取了合理的简化策略，忽略了对热仿真分析影响甚微的结构细节，其简化后的几何模型如图 9.1 所示。

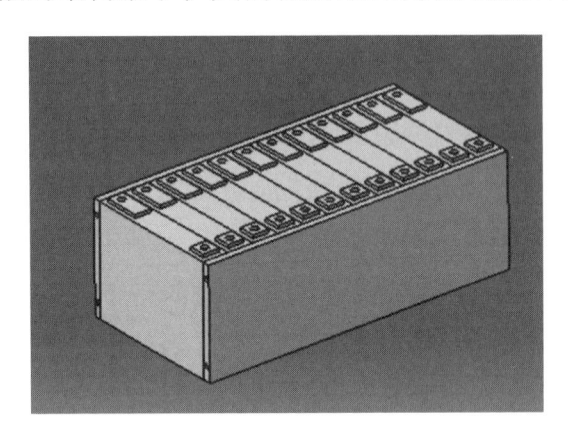

图 9.1 锂电池模组简化模型

冷却板是电池模组散热的关键部件，其导热性能对散热效果至关重要。为优化散热效率，冷却板材料需具备良好的导热性。铝和铜是常见的高导热材料，但铜的密度较大，相比之下，铝更适合作为冷却板材料。在冷却介质的选择上，通常会选择水溶液。

为了深入研究并优化电池模组冷却板流道，在传统的流道设计基础上，构建出四种不同的电池模组冷却板流道结构模型，其流道结构如图 9.2 所示。

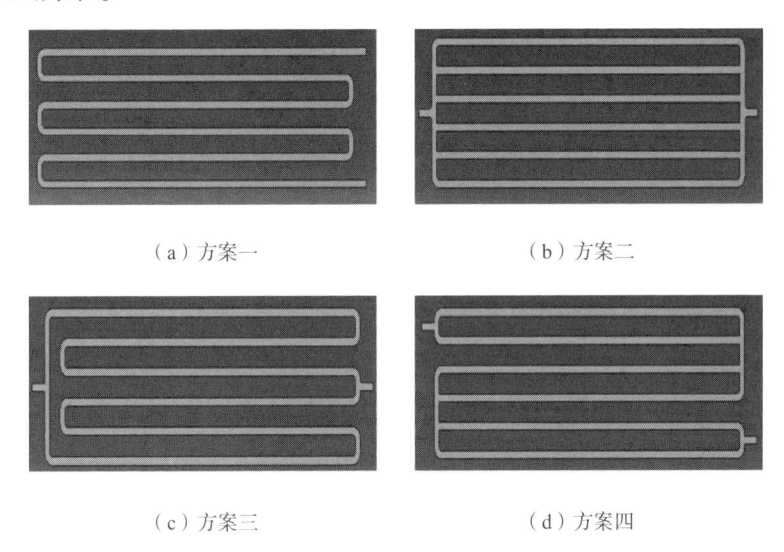

(a) 方案一　　　　　　　　　　(b) 方案二

(c) 方案三　　　　　　　　　　(d) 方案四

图 9.2　不同冷却板流道结构图

9.1.2　网格划分与边界条件

为了提升电池模组性能分析的精准度和效率，在网格划分阶段，优先选用了六面体网格作为主要网格类型，应用于电池、冷却液流体以及冷却板的建模。这一选择不仅确保了网格的高品质，还显著提高了计算过程的效率。为了进一步提高传热模拟的精确度，在流体与冷却板流道的接触界面上建立了 5 个边界层，这些边界层不仅确保了网格的平滑过渡，也显著提升了计算结果的精确性。电池模组液冷模型的网格数目达到了 153 万个。电池模组的网格模型如图 9.3 所示。

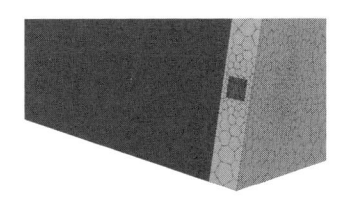

(a) 整体网格模型　　　　　　　(b) 局部网格模型

图 9.3　电池模组网格模型

在网格模型建立完毕后，对散热模型进行边界条件及材料属性的设置。为了保证热量在关键界面上的高效传递，电池和冷却板之间的接触面与冷却板和冷却液的接触面都设置为耦合，电池与空气的对流换热系数设置为 2 W/(m·K)。对于冷却板流道，其入口设置为速度进口，速度值设置为 0.3 m/s，以模拟冷却液进入流道的流动状态。冷却介质的初始温度设置为 298.15 K，以保证起始温度与实际情况相符。在出口边界的处理上，选择压力出口，其值为 0 Pa，以模拟冷却液自然流出的过程。

在材料属性的选择上，以高导热性的铝材料作为冷却板材料，确保热量能快速传递。而冷却介质选择为水溶液，其良好的导热性和较低的成本，适合作为电池模组的冷却液。电池散热模型中材料参数见表 9.1。

表 9.1 电池散热模型中材料参数设定

材料	黏度	密度 /(kg/m^3)	比热容 /[J/(kg·K)]	导热系数 /[W/(m·K)]
电池		1983	1530	29.8/1.2/29.8
铝（Al）		2719	871	202.4
水	0.001003	998.2	4182	0.6

9.2 CFD 散热仿真结果分析

基于 CFD 仿真模型的构建，模拟了电池模组在 3C 倍率放电条件下的生热过程。针对四种不同的冷却板流道结构，本节分别进行了仿真分析，获取了温度场和压力场的分布数据。将仿真结果进行详尽的对比分析后，重点关注了电池模组和冷却介质的最高温度、最大温差以及整体温度分布的均衡性。作为评价指标，这些指标直接反映了冷却板的换热性能。通过对比四种流道结构下的这些参数，本节能够清晰地评估出不同设计对电池模组散热效果的影响。

此外，利用冷却介质的压力变化来评估流道对冷却介质的阻力情况，压力变化的大小直接关系到冷却系统的能耗和效率，因此也是评估冷却板性能的重要指标之一。在深入且全面的对比分析后，最终筛选出了一种性能卓越的冷却板流道结构。

9.2.1 电池模组温度场分析

图 9.4 所示为 3C 放电倍率下四种流道结构的电池模组温度云图。在电池模组两侧放置冷却板的散热设计中，四种不同流道结构的仿真分析显示出相似的温度分布趋势。根据电池模组的温度云图显示，中部区域温度普遍较高，而靠近冷却板两侧的区域温度则显著较低。这一现象表明冷却板在散热过程中起到了关键作用，有效降低了电池模组表面的温度。随着冷却液在流道内流动，它与电池模组发生热交换，导致自身温度逐渐上升。因此，沿着冷却液的流动路径，特别是靠近流道出口的部分，冷却液的温度会比进口处显著升高。这是因为随着冷却液温度的升高，其从电池模组中吸收热量的能力减弱，导致出口处温度较高。

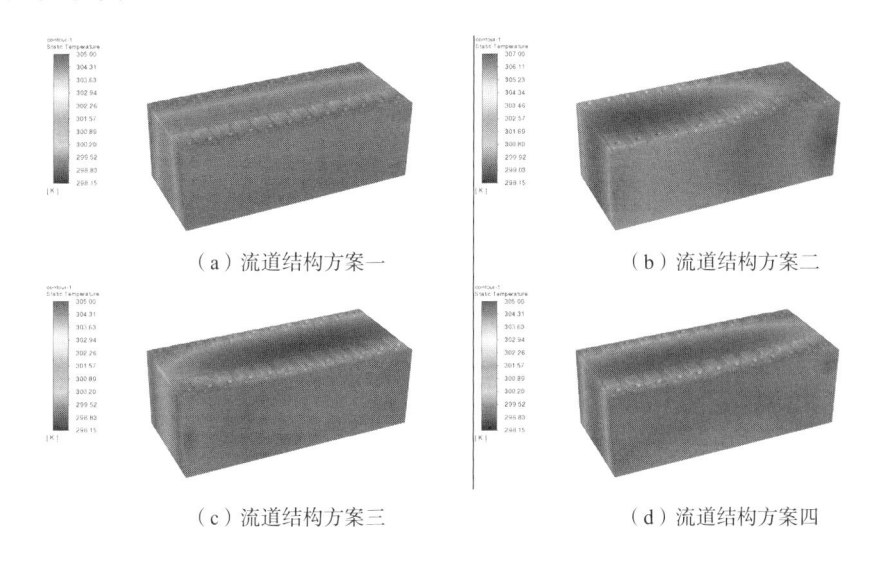

(a) 流道结构方案一 (b) 流道结构方案二

(c) 流道结构方案三 (d) 流道结构方案四

图 9.4 电池模组温度云图

方案一：串行流道结构。由图 9.4（a）可以看出，靠近冷却板面的区域温度相对较低，且温度分布呈现出由上至下的递增趋势。这是由于冷却液从流道上方进入,随着流动路径的延伸,与电池模组进行热交换,导致温度逐渐上升。

方案二:并行流道结构。由图 9.4(b)可以看出,冷却液从电池模组的中部进入,因此进口位置附近的单体电池温度相对较低。随着冷却液向两侧流动,其温度逐渐升高,使出口位置附近的电池温度也相应升高。

方案三:在方案二的基础上进行优化,形成新的流道结构。通过对比图 9.4(b)和图 9.4(c),可以看出方案三在温度分布上呈现出与方案二类似的趋势,但优化后的方案三显著减少了相邻电池之间的最高温度和最大温差的变化程度,这意味着方案三的散热性能更加均匀和高效。

方案四:在方案一的基础上进行改进,通过对比图 9.4(a)和图 9.4(d),可以发现相邻两流道并联的方案四与原始方案一温度分布类似,但具体的散热效果和温度分布均匀性会因流道并联的设计而有所改善。

在 3C 放电条件下,四种流道结构的电池模组最高温度和最大温差对比数据见表 9.2。

表 9.2 不同流道结构下最高温度和最大温差

单位:K

方　　案	最高温度	最大温差
方案一	304.027	5.8776
方案二	306.6853	7.1853
方案三	304.83	5.05
方案四	304.2062	4.251

由上述仿真分析,对四种不同的冷却板流道设计方案进行了综合评估。结果表明,方案二中的并行流道结构出现了最高的温度峰值以及最大的温差。这一结果表明,对于电池模组的散热需求,仅依赖并行流道结构可能并非最佳选择,因为其散热性能相较于其他设计显得较为不足,效率较低。

相反,方案一中的串行流道结构在降低电池模组最高温度方面表现最佳,达到了最小值。然而,这一方案同时也导致了较大的最大温差,表明单纯的串行流道设计虽然能够降低整体温度,但在确保温度分布均匀性方面存在不足。

进一步观察方案三和方案四，发现这两种方案在控制最大温差方面均表现优秀，显著优于单纯的串行和并行流道设计。特别是方案四，在保持较低最大温差的同时，实现了更低的最高温度，显示出其优异的散热性能。

综上所述，对于该电池模组散热模型，方案四展现出了最佳的散热效果。这种设计不仅能够显著降低电池模组的最高温度，而且能够确保温度分布的均匀性，从而提高电池模组的工作效率和安全性。

9.2.2 冷却介质温度场分析

在电池模组的散热系统中，冷却介质是整体散热过程的核心媒介。其温度分布状态能够直观地反映出不同流道结构在换热过程中的性能优劣。因此，分析冷却介质的温度分布对于评估散热系统的效率至关重要。图9.5所示为不同流道结构下冷却介质温度云图。

(a) 流道结构方案一　　　　(b) 流道结构方案二

(c) 流道结构方案三　　　　(d) 流道结构方案四

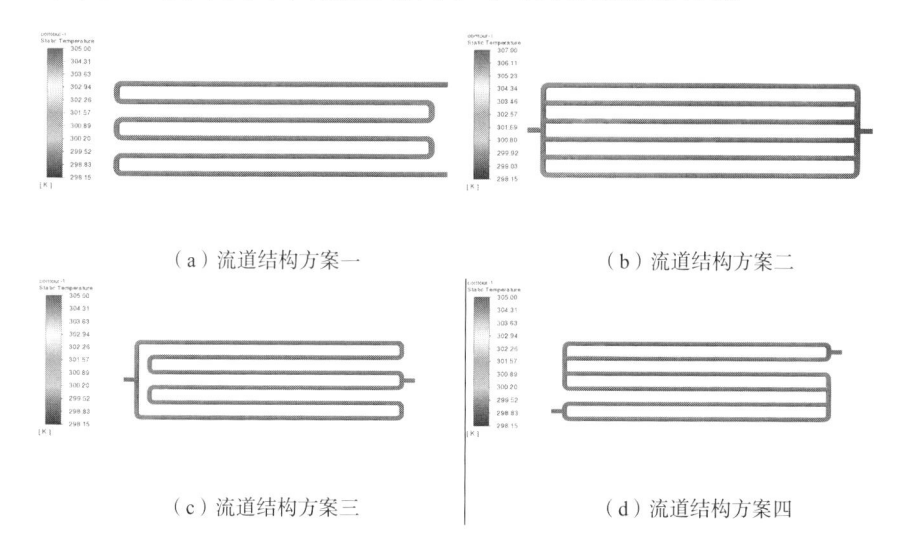

图9.5　不同流道结构下冷却介质温度云图

在流道的设计中，冷却介质经过流动，在末端会出现温度升高的现象，特别是在接近出口的位置，温度会相对较高。对于方案一，其冷却介质的温度分布如图9.5（a）所示，从流道进口开始，温度较低，随着介质在流道中的流动，温度逐渐上升，至流道出口处达到最高，最高温度为301.56 K，温差为2.41 K。方案二的冷却介质温度如图9.5(b)所示，从左到右逐渐升高，温度分布均匀性不高，最高温度为303.81 K，温差为4.61 K。相较于以上两种，方案三和方案四的温度分布差异不大。方案三如图9.5(c)所示，其最高温度为301.892 K，温差为3.041 K。方案四如图9.5(d)所示，其最高温度为301.54 K，温差为2.4399 K。

9.2.3 冷却介质压力场分析

在分析电池模组散热模型的性能时，冷却介质在流道中的压降成为一个关键因素。压降的大小直接反映了流道结构对冷却介质流动阻力的强弱，进而影响了整个散热系统的能耗。具体来说，当压降增大时，为了维持相同的流速，系统需要消耗更多的能量来克服这些阻力。

在本次电池模组散热模型的四种方案仿真中，为了确保仿真的一致性，所有方案的冷却液出入口条件均设定为相同的流速入口（0.3 m/s）和压力出口（0 Pa）。这一设置能够更准确地比较不同流道结构下冷却液的压降情况，进而评估其散热性能。不同流道结构下冷却介质压力分布云图如图9.6所示。

(a) 流道结构方案一　　　　(b) 流道结构方案二

(c) 流道结构方案三　　　　(d) 流道结构方案四

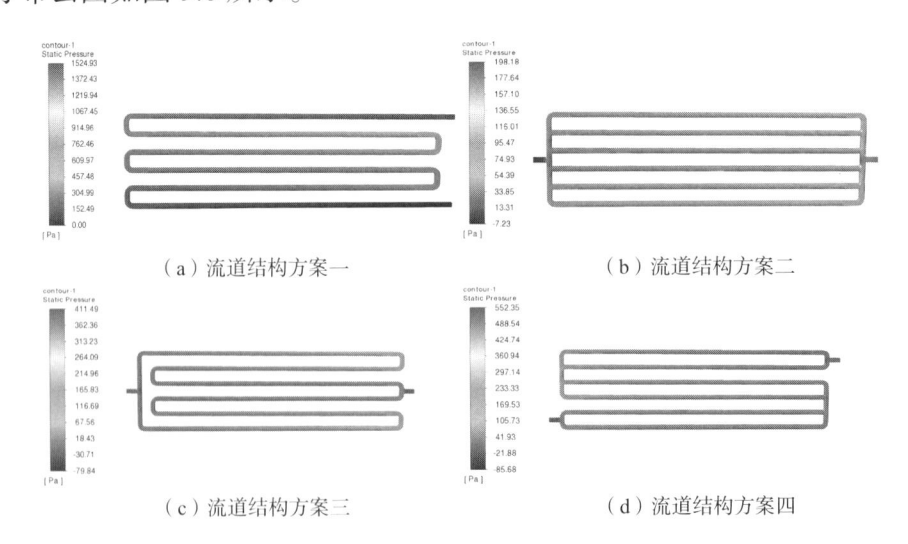

图9.6　不同流道结构下冷却介质压力分布云图

对图 9.6 进行分析发现后，不同流道结构方案在冷却液进出口压降上表现出显著差异。具体而言，方案一的进出口压降最高，达到了 1524.93 Pa，这表明在相同的流速下，方案一中冷却液的沿程流动阻力最大。相比之下，方案二的压降最低，仅为 198.18 Pa，显示出较低的流动阻力。而方案三和方案四的压降分别为 411.69 Pa 和 552.35 Pa，位于前两者之间。

进一步，这些压降数据直接关联到冷却系统的能耗和成本。在流速相同的情况下，方案一由于冷却液流动阻力最大，从而导致冷却系统的能量消耗和成本增加。相比之下，方案二虽然散热性能可能不是最优，但其较低的压降意味着能耗和成本的降低。

综合图 9.4～图 9.6 以及表 9.2 中的数据和分析，本节得出以下结论：在考虑电池模组的散热性能与冷却系统的能量消耗之间的平衡时，方案四表现出最优的综合性能。它在保持较低压降的同时，也展现出了较好的散热性能，从而确保了电池模组在高效运行的同时，降低了冷却系统的能耗和成本。因此，选择方案四作为最优的散热系统设计方案。

9.3 锂电池模组散热结构优化

电池模组的散热效率与多种因素有关，特别是冷却板内部的流道结构设计，其决定了冷却液在冷板内的流动路径和速度分布，进而影响散热效果。因此，本节将对冷却板的流道结构进行仿真优化，从而提高电池模组的散热性能。

9.3.1 散热结构单因素分析

1. 不同冷却流道直径的影响

为了深入探究流道直径对电池模组散热性能的具体影响，本小节进行了一系列仿真分析，分析了流道直径分别为 3 mm、4 mm、5 mm 和 6 mm 的电池模组。在此过程中，确保了模型的其他参数保持不变，以确保分析结果的准确性。通过仿真分析，得到电池模组及其冷却介质的温度分布云图（图 9.7），以及冷却介质的压力分布云图（图 9.8）。此外，本小节还绘制了流道直径与最高温度、温差以及压降的关系曲线图（图 9.9）。

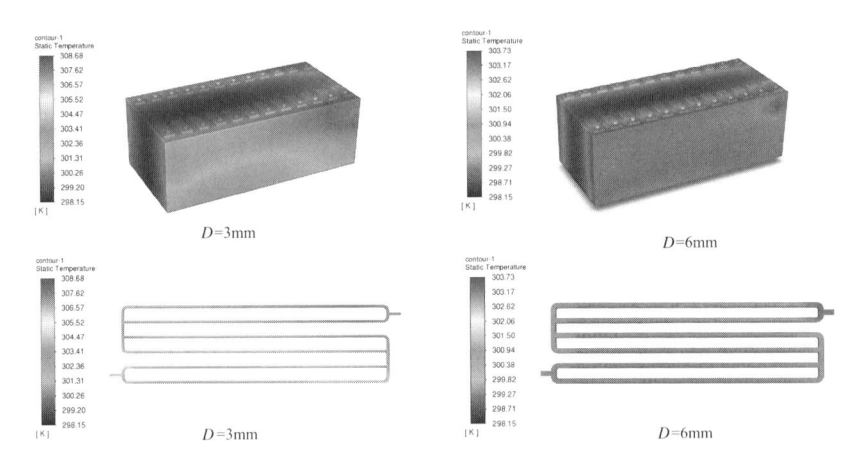

图 9.7　电池模组及其冷却介质温度分布云图

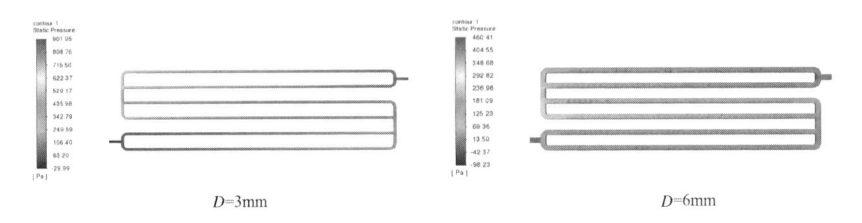

图 9.8　冷却介质压力云图

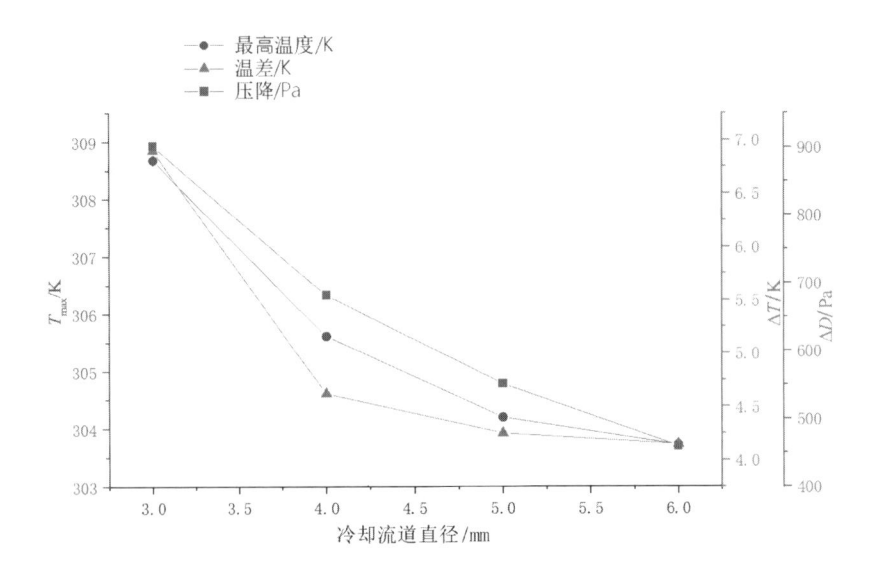

图 9.9　流道直径与最高温度、温差以及压降的关系曲线图

从图 9.9 中可以看出，随着冷却流道直径的逐渐增大，电池模组的最高温度、模组内部的温差以及冷却介质的压降都会显著减小。然而，当流道直径增大至 5 mm 后，进一步增加直径时，这些性能指标的改善速度将逐渐放缓，呈现出平缓的下降趋势。

2. 不同冷却板厚度的影响

为了分析冷却板厚度对电池模组温度以及流道压降的影响，将冷却板的厚度分别设定为 6 mm、7 mm、8 mm 和 9 mm，同时确保模型的其他关键参数保持不变。通过一系列的仿真分析，可以直观地看出不同冷却板厚度下电池模组的散热效率及流道中的压降变化。电池模组及冷却介质的温度云图如图 9.10 所示；冷却介质压力云图如图 9.11 所示；冷却板厚度与最高温度、温差和压降的关系曲线图如图 9.12 所示。

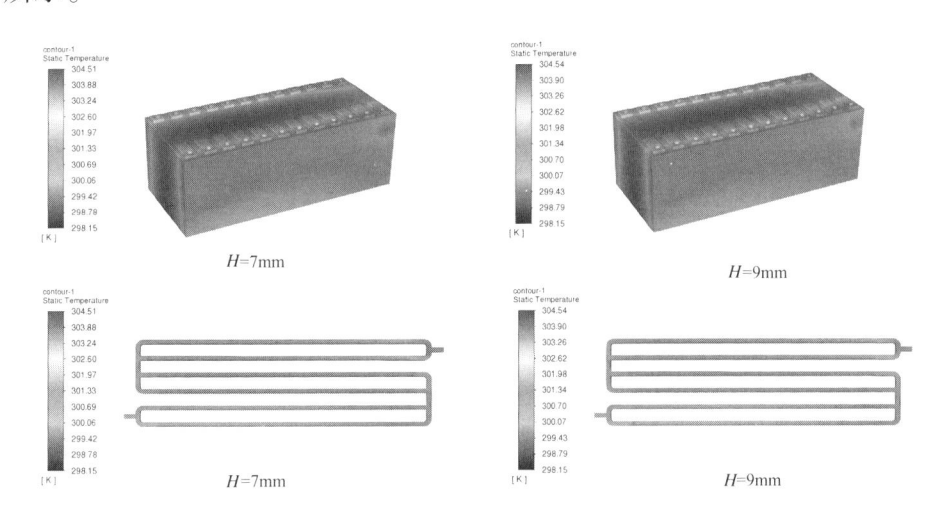

图 9.10 电池模组及冷却介质的温度云图

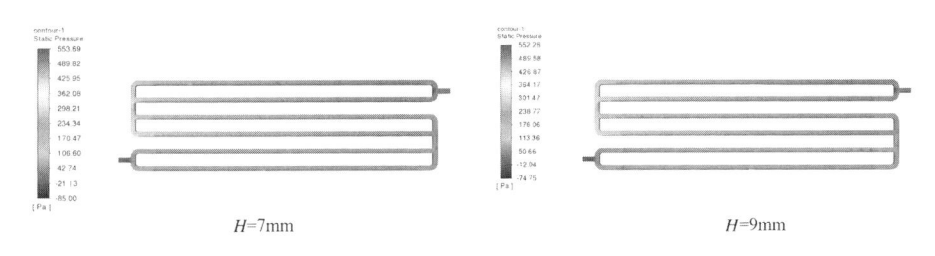

图 9.11 冷却介质压力云图

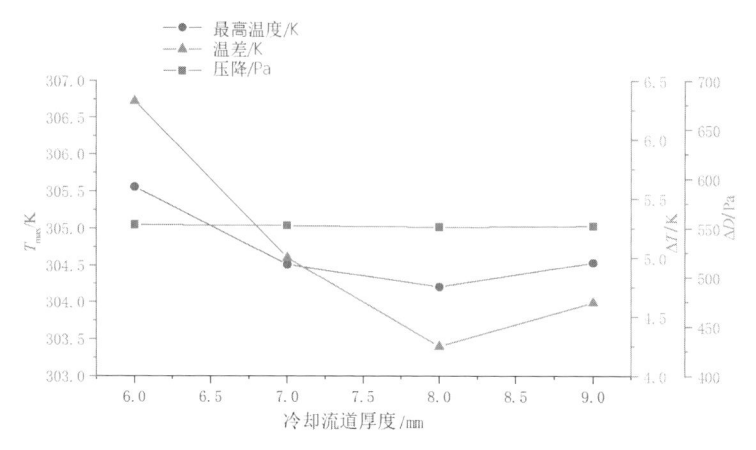

图 9.12 冷却板厚度与最高温度、温差和压降的关系曲线图

从图 9.12 可以看出，冷却板厚度对电池模组的最高温度和冷却介质压降影响不大，其温差随着厚度增加而降低。当冷却板厚度为 8 mm 时，温差最低。

3. 不同流道间距的影响

为深入探究流道间距对电池模组散热效能及内部流道压降的具体影响，特意开展了一系列仿真分析实验。选取了流道间距分别为 14 mm、15 mm、16 mm 及 17 mm 的电池模组作为研究对象，在实验期间保证模型的其余配置参数保持恒定。电池模组及冷却介质的温度云图如图 9.13 所示；冷却介质压力云图如图 9.14 所示；流道间距与最高温度、温差和压降的关系曲线图如图 9.15 所示。

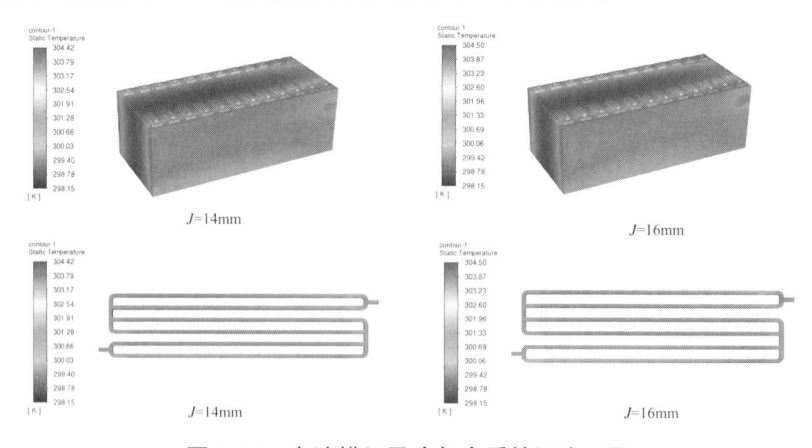

图 9.13 电池模组及冷却介质的温度云图

图 9.14　冷却介质压力云图

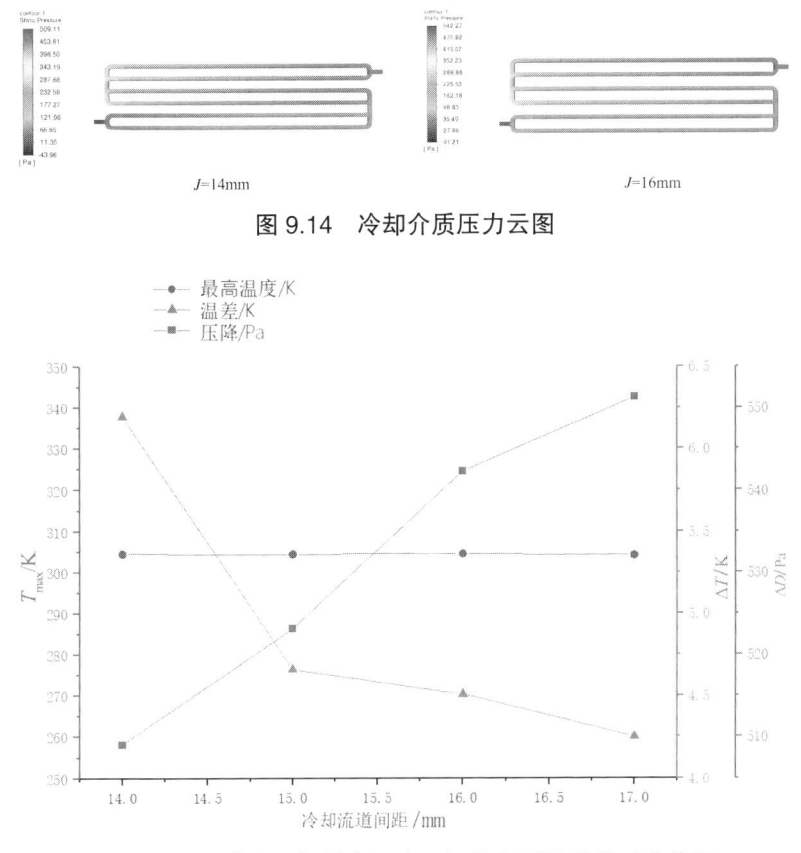

图 9.15　流道间距与最高温度、温差和压降的关系曲线图

从图 9.15 可以看出，不同的流道间距对电池模组的最高温度影响不大，冷却介质压降随着流道间距的增大而缓慢上升，而温差则随着流道间距的增大而缓慢降低。

9.3.2　基于正交试验的冷却板结构优化

1. 正交试验设计

正交试验方法是一种高效的统计分析手段，旨在通过精心设计数量有限却能充分体现变量变化的试验方案，来探究多个变量对实验结果的影响力，并从中筛选出最优的变量水平组合。在本小节中，为了确定最为理想的冷却板结构参数配置，试验将聚焦于 3 个核心变量，即冷却流道的直径、冷却板的厚度和冷却流道的间距，深入分析它们对电池模块散热性能的具体影响,从而通过科学实验设计达到优化散热效果的目的。分别用字母 A(直径)、B(厚度)、C(间距)表示各个因素,根据其仿真分析的结果,可将每个试验因素取 3 个水平,见表 9.3。

表 9.3 因素水平表

单位: mm

水平	A	B	C
1	4	7	15
2	5	8	16
3	6	9	17

2. 正交试验结果分析

依据正交试验设计方案,构建了一个涉及三项变量各含三种不同设定水平的仿真模型,旨在针对电池模块的三大关键性能指标——最高温度(T_{max})、温差(ΔT)和进出口压降(ΔP)作为评价指标。通过 CFD 仿真软件 FLUENT 执行深度分析并得出九种试验方案,结果见表 9.4。

表 9.4 正交试验结果

水平	A	B	C	T_{max}/K	ΔT/K	ΔP/Pa
1	1	1	1	305.774	5.471	665.0345
2	1	2	2	305.5752	5.387	670.7896
3	1	3	3	305.8319	5.3519	678.0948
4	2	1	2	304.2766	4.7666	540.63
5	2	2	3	304.2062	4.251	551.32
6	2	3	1	304.5409	4.7309	523.9833
7	3	1	3	304.78	4.632	455.9896
8	3	2	1	303.7057	4.4157	434.8737
9	3	3	2	303.7477	4.3777	442.978

极差分析方法是用来评估正交试验中各因素对评价参数最高温度(T_{max})、温差(ΔT)和压力差(ΔP)影响大小的一种手段。在这个过程中,通过计算得到的"极差"值(R 值)扮演了关键角色,它量化了各因素对试验结果影响力的大小,即 R 值越高,表示该因素对试验指标的效应越为显著。

以 R_i 表示第 i 列因素的极差值，对于评价指标的计算公式见式（9.1）~式（9.3），极差分析的结果见表9.5。

$$K_{im} = \sum T_{\max\ im}(n=A,B,C; m=1,2,3) \tag{9.1}$$

$$k_{im} = \frac{K_{im}}{n} \tag{9.2}$$

$$R_i = \max(k_{im}) - \min(k_{im}) \tag{9.3}$$

式中：K_{im} 为第 i 列因素 m 水平上所对应的试验指标和；k_{im} 为 K_{im} 的平均值；n 为试验水平数；其中 $i=A,B,C$；$m=1,2,3$。

表9.5 极差分析结果

单位：mm

试验指标	实验结果	A	B	C
最高温度	K_{i1}	917.181	913.8306	914.0206
	K_{i2}	913.024	913.4871	913.5995
	K_{i3}	911.233	914.1205	913.8181
	k_{i1}	305.727	304.6102	304.6735
	k_{i2}	304.341	304.4957	304.5332
	k_{i3}	303.744	304.7068	304.606
	R_i	1.98257	0.1145	0.140367
温差	K_{i1}	16.2099	14.6696	14.6176
	K_{i2}	13.7485	14.0537	14.5313
	K_{i3}	13.2254	14.4605	14.0349
	k_{i1}	5.4033	4.889867	4.872533
	k_{i2}	4.58283	4.684567	4.843767
	k_{i3}	4.40847	4.820167	4.6783
	R_i	0.99483	0.0697	0.194233
压降	K_{i1}	2013.92	1661.654	1623.892
	K_{i2}	1615.93	1656.983	1654.398
	K_{i3}	1333.84	1645.056	1685.404
	k_{i1}	671.306	553.8847	541.2972
	k_{i2}	538.644	552.3278	551.4659
	k_{i3}	444.614	548.352	561.8015
	R_i	226.693	5.532667	20.5043

首先，通过分析各指标下极差（R_i）的大小，可以明确3个试验变量 A、B、C 对最高温度（T_{max}）、温差（ΔT）及冷却介质压降（ΔP）的影响程度依次为 $A>C>B$，即冷却流道直径的改变对所有指标的影响最为显著；其次，是冷却流道间距的影响；最后，冷却板厚度的影响则相对最小。为了确定各变量的最佳水平，本节采用"最优水平指标"（k_{im}）作为评判标准。通过仔细比对在最高温度、温差和压降各个评价指标下对应的 k_{im} 值，可以辨识出每个指标下的最优变量水平组合，从而实现对整个冷却系统性能的最优化配置，见表9.6。

表9.6 最优因素水平组合

单位：mm

评价指标	水平组合	A	B	C
最高温度	$A_3B_2C_2$	6	8	16
温差	$A_3B_2C_3$	6	8	17
压降	$A_3B_3C_1$	6	9	15

根据极差分析的结论，各变量对评估指标的影响强弱排序为 $A>C>B$，其中变量 A 对电池模块的最高温度、温差及冷却液压降的影响最为显著，应作为首要调整目标。具体而言，变量 A 在第三水平（即冷却通道直径为 6 mm）下，各指标表现最优，故推荐采用这一尺寸。变量 B 虽然对整体影响最小，且与压降变动无直接关联，但从最大化降低最高温度和温差的角度考虑，其第二水平（冷却板厚度为 8 mm）的测试结果最为理想，因此选定此厚度。变量 C 的影响力居中，在第一水平（冷却流道间距最小）时虽压降最低，但温度控制效果一般。对比之下，第二水平和第三水平在控制最高温度与温差上表现接近且较为出色，考虑到第二水平在保持良好温控效果的同时，冷却介质压降更低，因此最终选取第二水平（即冷却流道间距设定为 16 mm）。

综上所述，冷却板的结构参数最优组合确定为 $A_3B_2C_2$，即冷却流道直径为 6 mm、冷却板厚度为 8 mm 和冷却流道间距为 16 mm。对其最优冷板结构的电池模组进行仿真分析，得出电池模组的最高温度为 303.5517 K，温差为 3.8517 K，压降为 445.0294 Pa。优化后的冷却板结构和电池模组温度分布如图9.16所示。

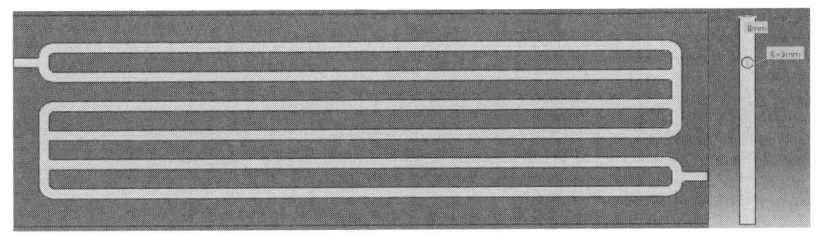

(a) 最佳结构参数冷却板

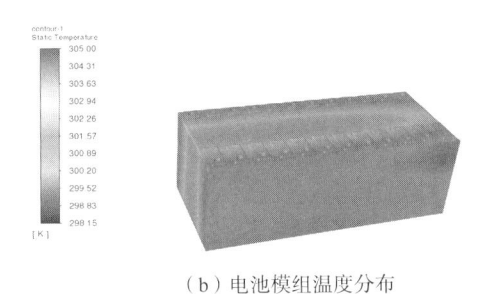

(b) 电池模组温度分布

图 9.16 优化后冷却板结构和电池模组温度分布

9.4 本章小结

本章基于 CFD 仿真模型，评估了四种流道结构对电池模组散热性能的影响。方案四在降低最高温度和保持温度均匀性方面表现优异，同时实现了较低的冷却介质压降，提高了散热系统效率。另外，对三种结构参数进行了单因素分析，结果表明三种结构因素都对电池模组的散热产生了较大的影响。随着冷却流道直径与冷却板厚度的提升，电池模块的极端温度与温差均展现出减弱的趋势；然而，这一减幅随直径与厚度的进一步增加而逐渐趋于平缓。与此同时，增大的流道间距虽有助于缩小温差，但流道间距过大反而会导致温差增加。在此研究进程中，本章采取了正交试验的设计思路，系统性地评估了各结构参数对最高温度、温差及冷却介质压降等关键评价指标的影响强度。分析结果强调了流道直径的首要优化地位，紧随其后的是流道间距的调整，最后是冷却板厚度的考量。基于此逻辑，成功辨认并确立了一组冷却板结构参数的最优配置，有效提升了冷却系统的传热效能，显著优化了电池模块的温度均匀性。

第 10 章　结论和展望

10.1　结论

本书以某企业提供的电动汽车关键部件（新能源 SUV 白车身、车门、引擎罩、电池包、锂电池模组）数据为基础，采用三维建模软件建立关键部件的几何模型，利用有限元分析软件建立了仿真计算模型进行求解。最后，将仿真计算结果与企业提供的数据进行对比分析，验证模型的合理性。此外，本书还对电池包、锂电池模组液冷散热结构进行了优化改进，并验证了改进后的效果。主要结论如下。

1.新能源 SUV 车身结构设计与分析

首先对车身进行了模态分析，将模态的前 8 阶频率值与目标指标进行了比较，一阶弯曲模态和扭转模态分别为 45.50 Hz 和 46.88 Hz，弯扭模态性能均高于目标值 20 Hz。结果表明，本书所建立的新能源 SUV 白车身的网格模型精度和模态性能够满足要求，可进行弯扭刚度分析。在弯曲工况下，最大变形量为 1.4 mm；在扭转工况下，最大变形量为 3.9 mm，计算得出弯曲刚度为 2.8 E+6 N/m，扭转刚度为 10362.694 (Nm/°)。将弯扭刚度的仿真结果数值与企业提供的设计目标要求的数值 2.8 E+6 N/m 和 10000 (Nm/°) 进行比对，均满足要求。再根据企业提供的弯扭刚度试验数据，将仿真结果与试验数据进行比较，弯曲刚度和扭转刚度仿真与试验的误差大小分别为 3.4% 和 2.3%。结果表明，该款新能源白车身结构设计满足要求。

2. 新能源 SUV 车门结构设计与分析

首先对车门进行模态分析，通过前 6 阶模态的频率值与目标设定的指标对比表明，一阶和二阶扭转模态的频率数值分别为 44.8 Hz 和 45.7 Hz，这两个数值都远远超过了 20 Hz 的目标值，证明了其在模态性能上符合要求。进一步对车门进行下垂刚度和扭转刚度分析，车门下垂刚度的最大位移出现在车门左侧的特定位置，而门锁加载点位置的位移量精确测得为 2.2 mm。对于车门的扭转性能，车门上角的最大位移量最为显著，加载点位置的位移量具体为 2.6 mm；车门下角的最大位移量同样被精确捕捉，加载点位置的位移量测得为 2.4 mm。将上述仿真结果与企业提供的设计目标数值进行对比，结果表明，该车门结构设计符合设计要求。

3. 引擎盖结构设计与分析

首先对引擎盖进行模态分析，得到前 16 阶模态振型，其中前 8 阶为刚体振型，频率为 Hz。第 9 阶模态为引擎盖一阶扭转模态，其频率为 44 Hz，远大于规定的 27 Hz，满足正常行驶的要求。再对引擎盖进行刚度分析，在正向弯曲工况下的最大位移为 1.9 mm，最大应力为 153 MPa；在侧向弯曲工况下的最大位移为 0.79 mm，最大应力为 57.07 MPa；在扭转工况下的最大位移为 5.64 mm，最大应力为 146.4 MPa。最终，得到三种工况下的刚度分别为 103.16 N/mm、227.84 N/mm 和 34.75 (Nm/°)。三种工况下的最大应力均小于 ST14 钢的最大屈服强度 275 MPa，表明该引擎盖结构设计满足设计要求。

4. 电池包结构设计与分析

首先对电池包进行模态分析，电池包的整体一阶频率为 25.31 Hz，大于电池包的目标值 20 Hz。再对电池包进行刚度分析，在弯曲刚度分析中，电池包的 Z 轴的最大位移为 0.5336 mm，弯曲刚度大小为 85.84 E+6 N/m，与企业给定的标准值 87.65 E+6 N/m 接近，误差为 2.06%，因此，在正常行驶过程中该电池包并不会发生形变。电池包的 Z 轴位移最大值为 0.4666 mm，经过计算得到扭转角为 1.4°，扭转刚度为 42918 (Nm/°)。由于不存在具体的扭转刚度数值标准，可以通过判断是否超过材料的屈服强度来判断其是否发生变形。铝的屈服强度为 480 MPa，并未超过标准，因此不会产生形变。以上结果表明，电池包结构设计符合要求。

5. 电池包底部结构设计与碰撞仿真分析

对电池包底部进行直线托底碰撞仿真，得出的结果显示，在碰撞过程中底护板最大侵入量为 26.34 mm。对比企业提供的数据以及直线托底试验标准，形变量较大，因此需要对电池包的结构进行优化。对优化后的电池包再次进行直线托底碰撞仿真，将得出的结果与优化前进行对比，侵入量由 26.34 mm 减少到 12.75 mm，表明此优化对电池包的抗碰撞性能及安全性都有所提升，可为后续电池包底结构设计提供参考。

6. 电池包底部结构设计与球击仿真分析

球击仿真分析得出底板弹性形变为 21.49 mm，液冷板的弹性形变为 15.73 mm，电芯的弹性形变为 20.54 mm。这些结果表明，只有底护板的弹性形变符合预设标准，而塑性应变结果显示所有材料均未发生破损。基于球击形变云图，结合目前电池包在耐撞结构、内部模组隔板、加强筋方向结构优化研究现状，对电池包底板进行了综合优化。再次进行球击仿真验证优化效果，此次液冷板弹性形变为 2.4 mm，电芯弹性形变为 3.1 mm，与优化前相比均有显著改善。结果表明，优化后的电池包结构符合要求。

7. 锂电池组液冷散热结构设计与分析

首先建立了四种不同流道结构的电池模组液冷模型及 CFD 仿真模型，得到了四种不同的 CFD 仿真结果，并将仿真结果进行对比。从电池模组最高温度、温差和冷却介质流道压降 3 个方面分析了不同流道结构的散热性能。结果表明，方案四的散热性能较优，最高温度为 304.2062 K，温差为 4.251 K。对方案四流道结构的液冷散热模型进行分析，以电池模组的最高温度、温差和流道压降作为评价指标，研究不同冷却流道直径、冷却板厚度和冷却板流道间距对这些指标的影响。

结果表明，当冷却板流道直径与冷却板的厚度增大时，电池模块的峰值温度与温差均有所减少，由此促成了一种更加均匀的温度分布状况。另外，适当扩展流道之间的距离能够有效缩减模块内部的温差，但这一调整会使冷却介质的压降上升。运用了正交试验设计方法来优化冷却板中流道的构造，以最高温度、温差及流道压降作为评判标准，对最优冷板结构的电池模组进行仿真分析。分析得出电池模组的最高温度为 303.5517 K，温差分别为 3.8517 K，压降为 445.0294 Pa。得到最理想的结构参数分别是冷却流道直径为 6 mm、冷却板厚度为 8 mm 和冷却流道间距为 16 mm。以上研究成果可为电动汽车锂电池组散热结构开发提供理论参考。

10.2 展望

本书围绕电动汽车关键部件结构设计与分析开展了一些研究工作。随着研究内容的深入，发现书中仍有一些可以改进的地方，具体如下。

（1）在刚度分析中，增加了刚度分析中的工况设定。汽车行驶过程是一个极其复杂的运动过程，本书仅选取了汽车行驶过程中主要的三种工况进行加载，未来还需对更多的工况进行分析，以提高分析的全面性。

（2）本书仅对电池包底部进行了直线托底仿真分析，未考虑碰撞的多样性，比如碰撞位置、碰撞形式等。后续研究可对各种碰撞情况进行电池包结构设计分析。电池包的内部结构复杂，对其进行优化设计时，还需综合考虑通风散热性、绝缘性、防水性等因素。因此，对电池包进行更完善的优化，需要综合考虑这些因素的影响。

（3）本书在仿真分析中，对锂离子电池放电采用了恒定倍率放电的简化处理，这与电动汽车在真实行驶条件下电池组动态变化的放电模式有所偏差。因此，未来研究的重点可转向依据电动汽车实际行驶工况，开展更为贴合实际的电池组放电过程仿真，以增强研究成果的实际应用价值。

参 考 文 献

[1] 蔡智清. 某SUV白车身刚强度分析及优化[D]. 太原：中北大学，2018.

[2] 孔令振. 某微型电动汽车车身结构设计分析[D]. 广州：华南理工大学，2019.

[3] 邹缘良. 某SUV白车身结构分析与轻量化研究[D]. 重庆：重庆理工大学，2017.

[4] 王甜甜，剡文娟，李哲，等. 基于参数化优化对某SUV白车身的轻量化优化[J]. 汽车实用技术，2021，46(19): 80-82.

[5] 鲍娣. 某SUV白车身结构性能分析及可靠性优化设计[D]. 合肥：合肥工业大学，2019.

[6] 丰亮. 基于刚度和模态分析的纯电动汽车白车身轻量化设计[D]. 长沙：湖南大学，2017.

[7] 王震虎. 基于车身概念模型的白车身主断面尺寸优化[J]. 汽车工程，2018，40(8): 904-911.

[8] MOHAN R, VENKATESAN H, MAHADEVAN S, et al. New methodology for light weight solutions to improve BIW structural performance using bulk head optimization[J]. Journal of Mechanical Science and Technology, 2016, 30: 3533-3537.

[9] MANOHAR M.K., SAHU A.K. Deploying topology optimization for BIW Performance Optimization[C]. India: Altair Technology Conference, 2017: 1-9.

[10] YAHAYA RASHID A S, RAMLI R, MOHAMED HARIS S, et al. Improving the dynamic characteristics of body-in-white structure using structural optimization[J]. The Scientific World Journal, 2014, 2014190214.

[11] LONDHE A V, KALANI D, ALI A. A systematic approach for weight reduction of BIW panels through optimization[R]. SAE Technical Paper, 2010.

[12] DUAN L, XIAO N, HU Z, et al. An efficient lightweight design strategy for body-in-white based on implicit parameterization technique[J]. Structural and

Multidisciplinary Optimization, 2017, 55: 1927–1943.

[13] OU H, TANG X, XIAO J, et al. Lightweight body–in–white design driven by optimization technology[J]. Automotive Innovation, 2018, 1(3): 255–262.

[14] 宋琪. 车门动静态特性分析及试验验证 [D]. 长沙：湖南大学，2016.

[15] 操芹，黄洁，占玉霞. 车门护板侧冲击仿真分析与试验验证 [J]. 汽车科技，2020 (5): 43–47.

[16] 周鋐，刘浩，范昊天. 基于模态和刚度的车门优化研究 [J]. 制造业自动化，2014，36(16): 93–96.

[17] 毛凌丽，李慧梅，刘美. 某轿车车门模态的仿真分析与试验研究 [C]. 2009 汽车工程学会年会论文集，2009.

[18] 丁鸿儒. 某型乘用车车门设计与有限元仿真分析 [D]. 沈阳：沈阳工业大学，2015.

[19] 许佳斌，张瑞乾，曹国栋. 某SUV左前车门静态刚度的有限元分析 [J]. 机械工程师，2015 (3): 57–58.

[20] 袁理，廖震，徐中明. MPV车门CAE分析与设计 [J]. 重庆理工大学学报 (自然科学)，2013，27(12): 12–17.

[21] 邢志波. 汽车车门结构性能分析及试验研究 [D]. 合肥：合肥工业大学，2016.

[22] PENDERGAST P L. Use of Taguchi Techniques as a Process Development Tool for Carpet–Covered Door Panel Production [R]. SAE Technical Paper, 1989.

[23] SAKURAI T, ONO H. The Stiffness of Automobile Outer Panels [R]. SAE Technical Paper，1987.

[24] 余本善. 汽车发动机罩模态和刚度的分析及优化 [J]. 机械制造，2010(9): 16–18.

[25] 陈海宁，王良杰，强旭华，等. 基于轻量化的发动机罩结构优化 [J]. 上海工程技术大学学报，2013，27(2): 116–118，123.

[26] 林辉，余本善. 基于有限元法的发动机罩模态分析研究 [J]. 汽车零部件，2010(4): 53–55.

[27] 陈海潮，周兆耀，谢雅平，等. 一种发动机罩刚度参数定义方法 [J]. 汽车零部件，2022(9): 61–65.

[28] 杨姝，江峰，丁宏飞，等. 手性蜂窝夹芯概念发动机罩行人头部保护性能仿真 [J]. 华南理工大学学报：自然科学版，2019，47(12): 38–42.

[29] 邢艳云，于波，吕晓江. 基于行人头部保护的某SUV发动机罩模态分析 [J].

山东理工大学学报：自然科学版，2013，27(4): 20-24.

［30］黄小征，李飞，王帅，等．某 SUV 碳纤维发动机盖结构仿真分析 [J]．汽车工程师，2018(2): 25-28.

［31］段锦程．汽车发动机罩轻量化设计 [D]．重庆：重庆理工大学，2021．

［32］吴方贺．碳纤维复合材料发动机罩结构设计与优化 [D]．长春：吉林大学，2017．

［33］WANG X J, CHEN Y S. Discuss the Applications of the Automotive Lightweight Materials in China Briefly[J]. Advanced Materials Research, 2013, 621: 148–152.

［34］JIN M, ZHANG X. A new topology optimization method for planar compliant parallel mechanisms[J]. Mechanism and Machine Theory, 2016, 95: 42–58.

［35］刘家员．某新能源车电池包有限元分析与优化 [D]．锦州：辽宁工业大学，2018．

［36］崔长青．车载动力电池包结构分析及优化设计 [D]．济南：山东建筑大学，2021．

［37］周旺．某微型纯电动汽车电池包结构的设计与 CAE 分析 [D]．西安：西安工程大学，2021．

［38］吕志雄．某款纯电动汽车电池包结构设计以及特性分析 [D]．厦门：厦门理工学院，2019．

［39］付静江．纯电动车动力电池包结构仿真分析 [J]．农业装备与车辆工程，2022，60(3): 138-141.

［40］鲁春艳，田菲，万长东．车载动力电池包的有限元分析及轻量化设计 [J]．机械工程与自动化，2022，(1): 84-87.

［41］陶银鹏，王丽娟．CAE 技术在电动汽车电池包设计中的应用 [C]// 中国汽车工程学会．2013 中国汽车工程学会年会论文集．郑州精益达汽车零部件有限公司；河南交通职业技术学院，2013: 4.

［42］吴平．某新能源汽车电池包结构仿真分析与优化设计 [D]．福州：福建工程学院，2022．

［43］倪洋溢，王浩源．动力电池包箱体的仿真分析与结构优化 [J]．农业装备与车辆工程，2023，61(5): 161-165,168.

［44］ARORA S, KAPOORr A, SHEN W. Application of Robust Design Methodology to Battery Packs for Electric Vehicles: Identification of Critical Technical Requirements for Modular Architecture [J]. Batteries, 2018, 4(3): 30–30.

［45］ROLAND U, KARTHIKSA, kTJORBEN B, et al. Finite element analysis considering packaging efficiency of innovative battery pack designs[J]. International Journal of Crashworthiness, 2019, 25, 664–679.

［46］杨威．车用动力电池包底部碰撞安全性分析 [D]．广州：华南理工大学，2019．

[47] 习波波，商恩义，李月明，等. 基于整车系统的动力电池包底部碰撞安全性试验研究 [J]. 汽车零部件，2022 (1): 76-81.

[48] 郜效保. 微型纯电动汽车电池包结构设计与碰撞安全性研究 [D]. 长沙：湖南大学，2016.

[49] 王辉，杨全凯，吴泽勋，等. 整车电池包底部碰撞安全应对策略研究 [J]. 环境技术，2022，40(5): 132-135.

[50] 王月，辛鹏程，周大永，等. 基于交通事故统计的电池包底部碰撞研究 [J]. 汽车工程，2021，43(11): 1730-1735.

[51] 李兵兵. 某型电动汽车动力电池包的设计与分析 [D]. 南京：东南大学，2020.

[52] 贾丽娜. 某电动汽车电池包结构安全性分析及优化 [D]. 哈尔滨：哈尔滨工业大学，2019.

[53] 王国杰，余海龙，何恩泽，等. 电动汽车正面刮底工况设计及电池包防护优化分析 [J]. 汽车工程学报，2022，12(3): 294-300.

[54] 孙昕辰，张凯，李祥，等. 新能源汽车电池包箱体结构优化及底部碰撞研究 [J]. 价值工程，2024，43(10): 101-105.

[55] 张扬，张蕾，王瑶，等. 混合动力汽车电池包优化设计 [J]. 天津职业技术师范大学学报，2023，33(3): 31-36.

[56] 周豫城. 车用动力电池包碰撞仿真与安全性分析 [D]. 柳州：广西科技大学，2023.

[57] YONGJUN P, YUE X, WEI D, et al. Crush and crash analysis of an automotive battery-pack enclosure for lightweight design [J]. International Journal of Crashworthiness, 2022, 27(2): 500-509.

[58] KUKREJA J, NGUYEN T, SIEGMUND T, et al. Crash analysis of a conceptual electric vehicle with a damage tolerant battery pack [J]. Extreme Mechanics Letters, 2016, 9371-378.

[59] Fengchong L, Wenjie Z, Zhijie L, et al. Extrusion Load Deformation Response and Internal Short-Circuit Failure Analysis of Vehicle Power Btteriesa [J]. Journal of South China University of Technology, 2018, 46(6): 65-72.

[60] 李畇. 面向耐撞性提升的电动汽车电池包结构优化设计 [D]. 大连：大连理工大学，2020.

[61] 孙小卯. 某型电动汽车电池包结构分析及改进设计 [D]. 长沙：湖南大学，2013.

[62] 孔德佳，李彦波，李欣. 基于 DOE 的电池包底部球击的仿真分析研究 [J]. 电源技术，2023，47(10): 1341-1345.

[63] 李冰，张德伟，谷晗，等. 铝合金电池包结构分析及优化 [J]. 热处理技术与

装备，2019，40(4)：55-57.

[64] 黄芦，兰凤崇，陈吉清. 电动汽车电池包底部锥状物冲击下的力学响应分析[J]. 重庆理工大学学报，2021，35(5)：9-17.

[65] 程生，吕希祥，韦助荣. 基于LS-DYNA动力电池包底部球击失效分析[J]. 南昌大学学报：工科版，2023，45(3)：282-287.

[66] 乔红娇，戴道成，涂家富，等. 某动力电池包箱体结构安全性分析及优化[J]. 电源技术，2023，47(8)：1064-1068.

[67] 兰凤崇，陈元，周云郊，等. 轻质多材料动力电池包箱体选材与优化[J]. 吉林大学学报：工学版，2020，50(4)：1227-1234.

[68] 彭亮，朱学武，韩超，等. 电动汽车电池包整车坠落球击试验仿真研究[C]. 2021中国汽车工程学会年会论文集(4)，2021.

[69] KISTERS T, SAHRAEI E, WIERZBICKI T. Dynamic impact tests on lithium-ion cells [J]. International Journal of Impact Engineering, 2017, 108: 205-216.

[70] KIM H, KIM G, JI W, et al. Random vibration fatigue analysis of a multi-material battery pack structure for an electric vehicle [J]. Functional Composites and Structures, 2021, 3(2): 025006.

[71] ZHU J, ZHANG X, WIERZBICKI T, et al. Structural designs for electric vehicle battery pack against ground impact [EB/OL]. SAE Technical papev 2018-01-1438, 2018. https://doi.org/10.4271/2018-01-1438.

[72] NIRMALA T, JUSUF A, SANTOSA S P, et al. Design Study of Battery System Protection Structure Based on Hybrid Material Fiber Metal Laminate (FML) [C]. 2019 6th International Conference on Electric Vehicular Technology (ICEVT), 2019.

[73] KLAUS HOHNE, EVA HIRTZ. With System Integration and Lightweight Design to Highest Energy Densities [C]. Advanced microsystems for automotive applications 2013: Smart systems for safe and green vehicles: Springer, 2013: 205-214.

[74] 黄云龙，冯富春，盛军，等. 电动汽车和动力电池托底安全测试方法改进[J]. 时代汽车，2021(16)：106-108.

[75] 付正阳，林成涛，陈全世. 电动汽车电池组热管理系统的关键技术[J]. 公路交通科技，2005(3)：119-123.

[76] FAN L, KHODADADI J M, PESARAN A A. A parametric study on thermal management of an air-cooled lithiumion battery module for plug-in hybrid electric vehicles [J]. Journal of Power Sources, 2013, 238: 301-312.

[77] 宋俊杰，王义春，王腾. 动力电池组分层风冷式热管理系统仿真[J]. 化工进

展，2017, 36(S1): 187-194.

[78] 彭影. 车用锂离子电池冷却方案优化设计[D]. 杭州：浙江大学，2015.

[79] CHEN D, JIANG J, KIM G H, et al. Comparison of different cooling methods for lithiumion battery cells [J]. Applied Thermal Engineering, 2016, 94: 846-854.

[80] IBRAHIM A, GUO J, WANG Y, et al. Performance of serpentine channel based Li-ion battery thermal management system: An experimental investigation [J]. International Journal of Energy Research, 2020, 44(13): 10023-10043.

[81] AMALESH T, NARASIMHAN N L. Introducing new designs of minichannel cold plates for the cooling of Lithium-ion batteries [J]. Journal of Power Sources, 2020, 479: 228775-228786.

[82] HALLAJ S, SELMAN J R. Novel thermal management system for electric vehicle batteries using phase change material[J]. Journal of The Electrochemical Society, 2000, 147(9): 3231-3236.

[83] 吴学红，马西锋，王于曹，等. 环境温度与对流换热系数对电池散热性能的影响研究[J]. 低温与超导，2019，47(6): 67-72.

[84] 林裕旺，王惜慧，郭剑成，等. 基于复合相变材料的电池包热管理研究[J]. 电源技术，2021，45(7): 881-884.

[85] 何雪明，童洁，戴进，等. 汽车车门内锁止有限元分析及结构优化[J]. 汽车零部件，2015(10): 1-4.

[86] 陈东，杨万庆，钱银超，等. 汽车车门有限元分析及可靠性优化设计[J]. 汽车零部件，2021(5):45-48.

[87] 孟凡亮，廖小红. 冲压成形对汽车车门模态刚度的影响研究[J]. 交通节能与环保，2019,15(5)27-29.

[88] 黄桂华，陈力，杨晋博，等. 某型装载机车门扭转刚度分析及优化[J]. 机械研究与应用，2024,37(1)102-104.

[89] 周自宝，汪新伟. 基于灵敏度分析的汽车车门模态和刚度优化[J]. 芜湖职业技术学院学报，2023，25(2)27-31.

[90] 孟德健. 某轿车车门有限元仿真分析及轻量化设计[D]. 天津：天津职业技术师范大学，2018.

[91] 王镇江，何造，林广谊，等. 基于模态分析的汽车塑料保险杠拓扑优化[J]. 塑料，2017，46(5): 9-12.

[92] 王俊元,李伟伟,马维金,等. 某轻卡变速箱发动机及车架模态测试与分析[J]. 机械传动，2017，41(5): 123-126.

［93］廖君. 汽车前后舱盖有限元模态分析研究 [J]. 装备制造技术，2007(11): 13–15.

［94］刘立邦，周长峰，张家豪. 电动汽车动力电池包模态分析及优化 [J]. 山东交通学院学报，2019，27(4): 7–10.

［95］董其娟，韩明亮，夏德伟. 铝合金电池包箱体强度刚度分析 [J]. 农业装备与车辆工程，2023，61(10): 101–106.

［96］吴涛. 纯电动汽车动力电池箱体设计研究 [J]. 中文科技期刊数据库（全文版）工程技术，2016(9): 00202–00202.